이웃과
함께하는

도시 교회

2

n Urban Church
eating
Community with
eighbors

**바른신앙시리즈 11**
**이웃과 함께하는 도시 교회 2**

| | |
|---|---|
| 펴낸이 | 김종희 |
| 저자 | 〈뉴스앤조이〉 편집국 |
| 책임편집 | 황명열 |
| 펴낸곳 | 도서출판 〈뉴스앤조이〉 www.newsnjoy.or.kr |
| 등록 | 2000년 12월 18일 제20-205호 |
| 초판인쇄 | 2015년 8월 7일 |
| 초판발행 | 2015년 8월 7일 |
| 주소 | 서울 용산구 청파로 47길 52 명신프라자 6층 |
| 전화 | 02-744-4116 |
| e-mail | newsnjoy@newsnjoy.or.kr |
| 값 | 8,000원 |
| ISBN | 978-89-90928-38-2 03230 |

\* 잘못된 책은 바꿔드립니다.

바른신앙
시리즈
011

An Urban Church
creating a Community
with Neighbors

# 이웃과 함께하는 도시 교회 2

〈뉴스앤조이〉 편집국

**N** 뉴스앤조이

**머리글**

# 보석같이 빛나는 작은 교회들 37군데에서 100군데, 1,000군데가 될 때까지

어느 날 갑자기 대형 마트나 백화점이 들어서면 그 동네에 오랜 세월 자리 잡고 장사하던 작은 가게들은 얼마 견디지 못하고 문을 닫게 됩니다. 골목 상권을 살려야 한다는 절규가 간간이 나오지만, 인간의 탐욕이 일으키는 굉음 앞에서 그 절규 소리는 한낱 잡음에 불과합니다. 큰 가게가 등장하는 바람에 생존이 위협받는 작은 가게를 보호해야 정상적이고 인간적인 생태계를 이룰 수 있습니다. 그들을 보호하는 구조와 제도를 만들도록 힘을 모아야 합니다.

하지만 구조와 제도의 개선 못지않게 중요한 것이 있습니다. 자기 정체성과 자기 존재감을 스스로 확보하는 것입니다. 큰 가게가 등장한다고 작은 가게가 전부 다 망하는 것은 아닙니다. 백화점이 등장하면 대부분의 잡화점은 문을 닫을 수밖에 없습니다. 그러나 일부 전문점은 망하지 않고 제자리를 지킵니다. 그 전문점을 애용하는 사람들이 지켜 주기 때문입니다.

　스타벅스나 카페베네같이 유명한 커피 체인점이 들어와도 자기만의 개성을 발휘하는 작은 카페는 결코 기가 죽지 않습니다. 이름만 있고 개성은 없는 커피 체인점보다, 커피의 맛, 인테리어, 분위기에서 개성을 뽐내는 작고 아담한 카페를 좋아하는 사람들이 적지 않습니다. 자기 정체성과 자기 존재감을 확보한 작은 가게는 그저 오가다 들르는 소비자가 아니라 오직 그곳만 찾아가는 애호가들이 지키고 보호해 줍니다.

　교회도 마찬가지입니다. 그 지역에서 꼭 필요한 교회, 그 마을 주민들이 사랑하고 신뢰하는 교회는 쉽게 망하지 않습니다. 어느 날 갑자기 큰 교회가 들어선다고 해도 흔들리거나 불안해하거나 적대감을 드러내지 않습니다. 주위의 변화와 상관없이 행복하고 즐겁고 보람 있게 사역합니다. 물론 그 길이 결코 쉽지 않지만, 반드시 가야 할 길이고 갈 수 있는 길입니다.

2012년에는 농어촌 곳곳에 감추인 귀한 교회들을 기자들이 찾아내서 〈마을을 섬기는 시골 교회〉라는 제목으로 첫 번째 작은 책을 만들었습니다. 2013년에는 도시 구석구석에 숨어 있는 멋진 교회들을 찾아내서 〈이웃과 함께하는 도시 교회〉라는 이름으로 두 번째 책을 만들었습니다. 2014년에도 기자들은 도시에서 지역 사회를 잘 섬기는 교회들을 취재했고, 올해 여름에 세 번째 책을 만들었습니다.

세 권의 책은 하나같이 손바닥처럼 아담합니다. 맘만 먹으면 하루에 다 읽을 수 있는 분량입니다. 책에 소개된 교회들도 대개 덩치가 작습니다. 하지만 이 교회가 실천하는 노력과 가치는 결코 작지 않습니다. 잡화점이 아니라 전문점처럼 사역합니다. 교회 건물의 울타리 안만 돌보지 않고 울타리 바깥에 있는 마을을 섬김의 대상으로 삼습니다. 목회의 폭이 넓고 깊을 수밖에 없습니다.

세 권의 책에 총 37곳의 교회를 소개했습니다. 지금도 기자들이 취재하는 교회 목록이 제법 쌓이고 있습니다. 머지않아 100군데, 200군데로 늘어날 것입니다. 그런 교회 목록이 늘어날수록 한국교회에 희망의 빛은 점점 밝아질 것이라고 확신합니다.

지금까지 그래 왔던 것처럼, 앞으로도 꾸준히 보석 같은 교회들을 발굴해 내겠습니다. 희망은 저절로 만들어지는 것이 아니라 힘을 다해 만들어 내야 하는 것입니다. 저희와 함께 희망을 일구는 작업을 해 주십시오.

김종희 〈뉴스앤조이〉 대표

## 차례

**4**
머리글

보석같이 빛나는 작은 교회들
37군데에서 100군데,
1,000군데가 될 때까지
김종희

**10**
이웃과 함께하는
도시 교회 01

빚진 자의 마음으로
지역의 필요를 채우는 교회
서울시민교회 (서울)

**28**
이웃과 함께하는
도시 교회 02

보수적으로 신앙하고
개방적으로 이웃 사랑하는 교회
꿈이있는교회 (경기 시흥)

**46**
이웃과 함께하는
도시 교회 03

봉사 활동으로
지역 주민 사로잡은 교회
꿈이있는교회 (전북 익산)

**64**
이웃과 함께하는
도시 교회 04

보일 듯 말 듯,
지역에 스며든 교회
고기교회 (경기 용인)

**84**
이웃과 함께하는
도시 교회 05

'쿠폰북'으로 젊어진
반백 년의 전통 교회
상도제일교회 (서울)

| | |
|---|---|
| **104**<br>이웃과 함께하는<br>도시 교회 06 | **가정이 무너진 이들에게<br>'가족'이 되어 준 교회**<br>**선한목자교회** (경기 부천) |
| **122**<br>이웃과 함께하는<br>도시 교회 07 | **울퉁불퉁한 세상<br>균등하게 만드는 교회**<br>**아름다운주님의교회** (서울) |
| **140**<br>이웃과 함께하는<br>도시 교회 08 | **몸과 마음을 치유하는 교회**<br>**위드교회** (대구) |
| **158**<br>이웃과 함께하는<br>도시 교회 09 | **동네 주민의<br>손과 발 노릇하는 교회**<br>**이도교회** (제주) |
| **176**<br>이웃과 함께하는<br>도시 교회 10 | **'느슨한 약속'으로<br>지역 섬기는 교회**<br>**광주다일교회** (광주) |

# 1

이웃과 함께하는
도시 교회 2

# An Urban Church creating a Community with Neighbors

# 빚진 자의 마음으로
# 지역의 필요를
# 채우는 교회

서울시민교회

An Urban Church creating
a Community with Neighbors

서울 천호대로 군자역에서 아차산역으로 향하는 고갯길 오른쪽에는 오래돼 보이는 빨간 벽돌 건물이 우뚝 서 있다. 교회 벽면에는 서울시민교회라고 크게 쓰여 있는데, 중후한 멋이 풍겨 나온다.

서울시민교회(권오헌 목사)는 대한예수교장로회 고신 소속이다. 권오헌 목사는 2009년에 서울시민교회의 청빙을 받아 부임했다. 20여 년 전, 선교 단체 SFC의 대표 간사로 있으면서 협동목사로 함께 사역했던 인연이 있다. 영국으로 유학을 다녀온 뒤에는 대구에 불꽃교회를 개척해 건강한 목회를 지향했다. 교단에 몇 안 되는 1,000명 규모의 교회에서 부르면 기쁘게 달려올 법도 한데, 권 목사는 즉각 응답하지 못했다. 불꽃교회 교인들이 눈에 밟혔기 때문이다. 그러나 1년 넘게 담임목사 없이 지낸 서울시민교회의 사정에, 또 여러 번 대구로 찾아오기까지 하는 노력에 더는 무시할 수가 없었다.

설립된 지 39년이나 된 교회라 그런지 담임목사가 모든 사역을 주관하지는 않는다. 사역을 담당하는 각 부서(그룹)가 자율적으로 사업을 계획하고 진행한다. 교인마다 관심 있는 분야도 다르고 전문성을 띄는 분야도 다르다. 권 목사는 이들이 주체적으로 책임감 있게 일할 수 있도록 믿고 맡기는 것이 자신의 역할이라고 굳게 믿는다.

권오헌 목사는 남이 시켜서 마지못해 하는 사역보다는, 교인들이 먼저 나서서 주체적으로 임하는 사역을 원한다. 지역에 실제로 필요한 것이 무엇인지 전 교인이 늘 깨어 있으면서 함께 고민해야 한다는 것이다. 그는 교회를 선한 사마리아인에 비유했다. 교회가 어려움을 당한 지역 사람들을 돕는, 선한 이웃이 되어야 한다는 뜻이다.

## 한 번 돌본 장애인, 끝까지 책임진다

서울시민교회가 가장 오랫동안 행하는 사역 중 하나는 장애인 사역이다. 20년 전, 교회는 발달 장애인을 위해 '희망부'를 만들었다. 현재 많은 교회가 '사랑부'나 '희망부'라는 이름으로 주일마다 교회학교를 운영하고 있다. 처음에

는 서울시민교회도 그렇게 시작했다. 미성년의 발달 장애인들이 함께 모여서 예배하고, 교제했다.

그러나 해가 바뀌어 이들이 성인이 되면서 문제가 발생

했다. 특수학교를 졸업한 발달 장애인들은 평일에 일할 곳도, 딱히 갈 곳도 없었다. 부모가 없는 장애인들은 장애인 요양 시설로 보내지는 경우가 많았고, 부모가 있더라도 온종일 집에 데리고 있으면서 돌볼 환경이 되는 사람은 많지 않았다. 서울시에서 장애인 돌봄 서비스를 제공하고 있지만, 공급보다 수요가 훨씬 많아 이용하기가 쉽지 않았다. 게다가 서울시민교회가 위치한 광진구에는 관련 시설이 없어 더 열악한 상황이었다. 주일에는 교회에 나와 즐겁게 지내는 장애인들이 평일에는 갈 곳이 없어 고립된 생활을 하기 일쑤였다.

8년째 장애인 부서 사역을 담당하는 김경호 목사는 이들을 위해 교회가 할 수 있는 일이 뭔지 고민한 끝에 '희망의학교'를 만들게 되었다고 했다. 어릴 때부터 교회에서 돌본 발달 장애인들이 갈 곳이 없게 되었을 때, 결국에 책임져야 할 곳은 교회라는 것이 그의 생각이다. 이들이 늙어 죽을 때까지 교회가 함께 가야 한다는 것이다. 사회가 이들을 돌보는 것이 가장 이상적이지만, 아직은 우리 사회가 그런 일을 다 감당하지 못하기에 교회가 해야 한다고 목소리를 높였다.

희망의학교는 지적장애나 발달 장애를 앓고 있는 성인들을 대상으로 평일에 여는 교육 시설이다. 월요일부터 금요일, 오전 9시에서 오후 5시까지 운영한다. 학생들은 이 시간 동안 일상생활에 필요한 간단한 정보 등을 배운다. 현재 학생 수는 22명이지만, 지역사회의 수요가 높아 더 확충할 예정이다. 희망부에 다니고 있거나 다른 교회에 출석하는 교인이 80%, 비기독교인이 20% 정도다. 평일에 이곳을 다녀가는 사람들은 대부분 20~30대의 발달 장애인이다.

학교 건물이 위치한 교회는 법인이 아니어서 총회유지재단에 교회의 모든 재산을 귀속시켰다. 정확하게 말하자면, 희망의학교는 대한예수교장로회 고신 총회유지재단 소속으로 재단이 서울시민교회에 희망의학교 운영을 위임한 형태다. 사회복지사 4명과 정부에서 배정해 주는 공익근무 요원 4명이 학교 운영 전반을 맡고 있다. 사회복지사 3명의 인건비는 정부에서 지원받고, 부족한 부분은 수업료와 교회 지원금 등으로 충당한다.

매일 발달 장애인들과 함께 생활하다 보니 그들에게 어떤 부분이 필요한지 알게 되었다. 이들은 매일 반복되는 일상에 지루함을 느끼곤 한다. 여기에 착안해서 교회는 또 다른 일 하나를 계획했다. 발달 장애인들이 일반인들처럼 노동하고, 적더라도 그 대가를 받는 시스템을 만들어 그들이 자립할 수 있도록 돕고 싶었다. 그래서 생각한 것이 희망일터와 희망을심는나무다.

2012년에 세워진 희망을심는나무는 행정자치부 인증 마을 기업이다. 희망나무라는 인터넷 쇼핑몰을 열어 미니 화분과 각종 화훼 제품을 팔고 있다. 기업체나 기관의 단체 주문을 받기도 하고, 개인 주문도 받는다. 여기서 파는 제품을 만드는 곳이 희망일터다. 희망일터는 장애인 보호 작업 시설로 성인 장애인들이 모여 단순 임가공을 한다. 현재 30명이 희망을심는나무에서 판매되는 미니 화분을 키우고 제품을 포장하며 그 대가로 일정 수준의 임금을 받고 있다.

이 사역에서 고무적인 일은 장애인들이 만드는 일만 담당하는 것이 아니라는 점이다. 교회는 희망일터에서 나온 물건을 오프라인으로 파는 방안도 마련했다. 인근 어린이대공원 내에 매장을 만들어서 물건을 직접 파는 일도 함께하고 있다. 자신이 만든 물건이 팔리는 과정을 보는 것은 발달 장애인들에게도 정말 좋은 일이다. 발달 장애인들이 고객과 마주하고 물건을 파는 행위 자체가 이들의 정신 건강에 큰 도움이 된다.

희망의학교와 희망일터의 사역은 주말에 모두 쉰다. 부

모가 돌볼 수 있는 장애인들은 상관없지만, 돌봐 줄 사람도 없고 주 중에 교회에 나오는 것이 습관으로 자리 잡은 사람들은 주말을 보내기가 힘들다. 이런 이들을 위해 희망토요학교를 준비했다. 토요학교는 희망의학교와 비슷한 형태로 운영된다. 매주 토요일, 장애인 25명이 모여 오전에는 예체능 과목과 성경을 공부하고, 오후에는 방과 후 학습 형태로 도자기 체험, 한글 교실 등 다양한 프로그램을 소화한다.

토요학교의 좋은 점은 교회 내 다른 부서와 협력할 수 있다는 것이다. 이 사역에 관심이 있는 중·고등부 학생들은 토요학교에서 도우미로 봉사한다. 발달 장애인들과 함께 웃고 떠들다가 자신도 몰랐던 자기 모습을 발견하기도 한다. 장애인들과 친해져서 이들을 위해 할 수 있는 일을 찾다가 사회복지를 배워 사회복지사가 된 경우도 있다. 이것이야말로 꿩 먹고 알 먹는 일이다.

## 청년들의 집 문제에 주목하다

서울시민교회가 주목한 또 다른 지역 사업은 청년들에게 집을 빌려 주는 것이다. 대학에 진학하기 위해 지방 학생들이 서울로 올라오는 경우가 많다. 그러나 가장 중요한 주거 문제는 이들에게 큰 부담으로 다가온다. 하늘 높은 줄 모르고 치솟는 서울의 집값을 감당하는 것은 부모 도움 없이는 거의 불가능하다. 직장인들이야 그나마 주택 자금 대출이라도 받을 수 있지만, 학자금 대출로 이미 빚더미에 올라앉은 학생들이 또 빚을 얻기는 힘들다. 서울시민교회는 여기에 주목했다.

교회 인근에는 종합대학이 건국대, 세종대 두 곳이나 있고 대학가로 연결되는 2호선 지하철 건대입구역도 있어서 자취하는 학생이 많다. 지방에서 올라온 목회자 자녀나 교인 자녀들의 월세 걱정을 조금이나마 덜어 주기 위해 시민학사를 운영하기 시작했다. 교회는 저렴한 가격으로 학생들에게 살 곳을 제공하고, 지방에서 온 학생들은 학사에서 서로 의지하며 청년 공동체 생활을 이어 간다.

교회가 사역을 시작한 이유는 지방에서 고등학교를 졸업하고 올라온 대학 새내기들의 서울 적응을 돕기 위해서다. 생활 부분에서의 적응도 필요하지만, 홀로 서울에 올라온 청년들이 신앙생활을 바르게 이어갈 수 있도록 돕는 것도 중요했다. 교회에 정착하지 못하는 학생들 중에는 아는 사람이 없어 여기저기를 떠돌다가 결국 교회를 아예 떠나는 경우도 많았다. 서울시민교회는 이들에게 살 곳을 제공하고, 학생들은 교회에서 비슷한 또래들과 봉사하면서 낯선 환경에 잘 적응하고 정착하는 효과를 기대하는 것이다.

교회가 운영하는 학사는 현재 9곳이다. 교회 건물을 이용하거나 부속 건물을 새로 지어 학사를 운영하는 교회들도 있지만, 서울시민교회는 교회 근처의 집을 임대했다. 대학생들은 한 달에 10만 원의 학사 이용료를 낸다. 인근 대학가에 5평도 안 되는 작은 원룸의 월세가 약 40만 원인 것을 감안하면 학사 이용료는 4분의 1 수준으로 아주 저렴하다. 설사 월세가 해결된다 하더라도 보통 500만 원, 많게는 1,000만 원을 요구하는 보증금도 문제다. 학교 기숙사가 아니고서야 누군가의 도움 없이는 자취로 생활하기가 쉽지 않다.

학사에 빈자리가 생길 때마다 교회나 대학교의 홈페이지에 지원자를 모집하는 공고를 낸다. 공고를 내고 새로운 입주자를 뽑기까지 그리 오랜 시간이 걸리지 않는다. 위에서 언급했듯이 워낙 저렴한 가격인데다가 서울시민교회의 돌봄을 받을 수 있기에, 신입생들 사이에서 인기가 높다.

한 학사에 5~6명이 함께 생활한다. 보통 한 방에 두 명이 생활하지만 큰 방에는 3명까지 생활하기도 한다. 작은 방은 한 명이 쓰는데, 먼저 입소한 선배들이 편히 지낼 수 있게 양보한다. 학사 규칙은 학사마다 조금씩 다르다. 학사에 사는 사람들이 모여 직접 정하기 때문이다. 일정 금

액씩 분담하는 생활비를 조금 더 책임감 있고 투명하게 사용하려고 간사와 회계도 두었다. 별것 아닌 일 같지만, 영수증도 일일이 공책에 붙여서 보관한다. 작은 훈련으로 좋은 습관을 만들기 위해서다. 통금 시간도 있다. 원래는 11

시였는데, 공대나 미대에 다니는 학생들은 밤늦게까지 학교에서 과제를 하는 경우가 많아 시간을 지키기가 힘들었다. 지키지 못할 통금 시간을 정할 바에 현실을 반영하자는 의견이 많아 12시로 1시간 늦췄다.

서울시민교회가 학사를 운영하면서 또 한 가지 원칙을 정한 것이 있는데, 바로 교회 출석이다. 시민학사에서 생활하는 청년들은 서울시민교회에 출석하는 것이 원칙이다. 친한 사람 하나 없는 서울이지만 신앙과 일상생활 모두 누군가가 돌보고 있다는 것을 느꼈으면 하는 바람 때문이다. 학사 생활을 시작한 지 6개월이 지나면 각자 자기 달란트에 따라 교회 봉사도 해야 한다. 물론 적극적으로 참여하지 않는 학생들도 있지만 나가라고 다그칠 수는 없는 노릇이다. 지켜보면서 교회 출석을 권면하는 쪽으로 대처하고 있다.

학사에서 머무는 학생들은 매주 담당 목사의 심방을 받는다. 이 자리에서 서로 소통하며 필요한 점, 말 못할 고충 등을 다 털어놓는다. 매월 학사 전체 예배도 드리고, 1년에 두 차례 학사 수련회도 진행한다.

원래 학사는 말 그대로 학생들만을 위한 일이었다. 초기에는 학사에 머물 수 있는 기한도 2년으로 못 박았다. 그러나 서울에서는 대학교 생활 2년을 하더라도 돈을 모아 자립할 환경이 마련되지 않는다. 그래서 졸업 기한 4년과 유예 기간 1년을 더해서 총 5년으로 늘렸다.

대학을 졸업한 학생들이 취직해 직장인이 되어도 주머니 사정은 크게 나아지지 않았다. 사회에 첫발을 내디딘 직장 초년생들에게 보증금 없이 집을 구하기란 하늘의 별 따기다. 대학생을 위한 학사뿐만 아니라 직장인을 위한 학사를 시작한 계기다. 총 9곳의 학사 중 2곳이 직장인을 위한 청년 학사로 운영 중이다. 직장인은 수입이 있으므로 15만 원의 월세를 내야 한다. 대신 직장인에게는 학생들만큼 간섭하지 않는다. 이미 학사 규칙이 몸에 밴 사람들이어서 자기 관리를 잘하기 때문이다.

## 지역사회에 필요하지 않은 일은 과감하게 포기

서울시민교회는 지역에 필요한 일을 하자는 신념으로 사역에 임한다. 잘 운영하는 사역이라하더라도 지역에 필요 없다고 판단되면 과감하게 포기한다. 원래 교회는 지역의 영유아들을 위해 어린이집(선교원)을 운영했다. 시간이 흐르고 인근에 유사 시설이 늘어나자, 이 일이 꼭 교회만 할 수 있는 일은 아니라고 판단했다. 서울시민교회는 과감하게 선교원을 접고 '시민아기학교'를 개설했다.

시민아기학교는 보통 48개월 미만의 유아를 대상으로 매주 목요일에만 운영한다. 엄마와 아이가 함께 와서 세 시간동안 웃고 떠들고 뒹구는 프로그램이 주를 이룬다. 프로그램은 전면 무료로 지역 주민이라면 누구와 참여할 수 있다. 참가하는 조건으로 교회를 꼭 다녀야 한다는 식의 제한도 전혀 없다. 실제로 전체 참여자 중에 비기독교인이 3분의 1을 차지한다.

교회가 운영하는 상록아카데미도 마찬가지다. 상록아카데미는 65세 이상의 어르신을 대상으로 하는 노인 대학이다. 원래는 지역 성인을 대상으로 문화 수업을 진행했는데, 광진구청과 인근 대형 마트 등이 또 다른 문화센터를 개설하면서 이 일을 교회가 꼭 해야 한다는 필요성이 사라졌다. 서울시민교회는 또 한 번 과감한 결정을 내렸다. 문화 수업을 접고 상록아카데미로 전환했다. 지역에 실제로 필요한 사역을 해야 한다는 생각 하나뿐이었다. 지역에 사는 어르신들을 초청해 무료함을 달래 주고, 필요한 기술 등을 전하고 있다. 사역 초반에는 타지에서 오는 참가자도 많았지만, 지금은 지역 주민과의 관계를 고려해서 광진구에 거주하는 어르신에 한해 참가자를 받는다.

사실 취재를 시작하기 전, 서울시민교회에 대한 설명을 읽을 때만 해도 별 감흥이 없었다. 초대형은 아니지만 어

느 정도 규모가 있는 교회에서 의무적으로 행하는 사역이 겠거니 생각했다. 그러나 교회가 사역하는 현장을 직접 보니 그런 의심은 싹 사라졌다.

지역 주민들 사이에서 교회 평판이 좋았다. 한곳에 오래 있는 교회는 인근 주민과 크고 작은 문제로 실랑이를 벌이는 경우가 많다. 그러나 서울시민교회에는 그런 일이 없다. 인근에서 교회를 추천하면 대부분 서울시민교회를 추천한다. 2014년에 등록한 새신자 중에 절반이 비기독교인이었다. 장년 출석 인원이 1,200명이 넘는데, 그중 3분의 1은 최근 5년 새 등록했다.

새신자가 늘어나고 교회가 성장한다고 해서 그것에 안주하지 않았다. 건강한 교회를 많이 세우자는 의미로 경기도 구리시에 교회를 분립·개척했다. 서울시민교회 설립 40주년을 기념해서 추진한 사역이었다. 구리시에 자리 잡은 우리시민교회(오경석 목사)는 성도 수가 500명이 되면 또다시 교회를 분립하기로 미리 정하고 사역을 시작했다.

권오헌 담임목사와 교회는 앞으로도 지금의 사역을 유지하며 발전시킬 생각이다. 우선으로 생각하는 사역은 희망일터를 다니는 장애인들이 4명씩 한 집에 머물며 숙식할 수 있게 돕는 일이다. 그렇게 조금씩, 지역에 도움이 되는 일을 하면서 또 다른 필요가 있으면 적극 나설 생각이다.

"우리가 하나님 사랑을 많이 받았잖아요. 은혜받은 사람은 평생 빚진 마음이 있는 것 같아요. 저나 우리 고신 교단은 옳은 일이라고 생각하고 그 일을 추진하기로 마음먹으면 꾸준하게 갑니다. 시작하기까지 시간이 걸려서 그렇지 한번 시작하면 오래 합니다."

● 취재/글 _이은혜 기자

# 2

이웃과 함께하는
도시 교회 2

# An Urban Church creating a Community with Neighbors

# 보수적으로 신앙하고 개방적으로 이웃 사랑하는 교회

꿈이있는교회

An Urban Church creating
a Community with Neighbors

　꿈이있는교회(김제언 목사)는 경기도 시흥시 정왕1동에 있다. 시화 공단, 반월 공단, 남동 공단이 지척이다. 이곳에는 이주 노동자가 많이 산다. 정왕1동 바로 옆에 있는 정왕본동은 거주자의 70%가 외국인이다. 김제언 목사는 불법 체류자까지 포함하면 80% 가까이 될 것이라고 말한다. 교회 주변을 돌아다녀 보면 간판부터 메뉴판까지 한자로 된 가게를 흔하게 볼 수 있다.

　홀로 한국 땅을 밟은 사람이 대부분이라 집도 원룸 다세대 주택이 90% 이상이다. 이 지역은 특이하게 보증금도, 부동산 중개료도 없다. 월세만 내면 되니 사람들이 뜨내기처럼 떠돌아다닌다. 정주 기간이 짧게는 3개월, 길어 봤자 1~2년이다. 청소도 하지 않은 채 3~4개월 살다가 다른 곳으로 옮겨 버리는 경우도 많다. 정주 의식이나 주민 의식이 없어 마을에 쓰레기 문제가 심각하다.

이곳에는 이주 노동자뿐 아니라 독거노인, 조손 가정, 한 부모 가정도 몰려 있다. 노인들은 정부에서 월 40만 원을 지원받아, 월세로 30만 원을 내고 나머지 10만 원으로 한 달을 산다. 매 끼니 밥을 챙겨 먹기도 벅찬 형편이라 아프기라도 하면 방법이 없다. 유흥 주점에서 일하는 여성 노동자도 많고, 대낮부터 술에 절어 있는 노숙인도 많다. 동네에서 한 달에 한 명꼴로 자살자가 나온다. 못사는 사람이 많은, 우울한 회색빛의 도시다.

꿈이있는교회는 이런 곳에 2009년 말부터 희망의 씨앗을 심고 있다. 출석 교인이 100명 남짓한 작은 교회지만, 꿈이있는교회가 정왕동에 미치는 영향력은 주변 대형 교회들보다 더 크다. 김제언 목사와 꿈이있는교회가 어떻게 지역을 변화시켜 가는지 알아보자.

## '성장' 아닌 '부흥' 꿈꾸는 교회

꿈이있는교회의 비전은 '부흥'이다. 김제언 목사는 '부흥'과 '성장'을 철저하게 구분한다. 성장은 양적인 현상으로, 교인 숫자가 많아지는 것이다. 부흥은 숫자가 아니라 신앙의 질이 높아지는 것이다. 교인 한 명 한 명이 참된

'그리스도인의 삶'을 사는 것이 곧 부흥이다. 꿈이있는교회는 자기 교회만의 부흥이 아니라, 지역 주민과 지역 교회 전체의 부흥을 꿈꾼다.

김제언 목사도 처음부터 이렇게 생각한 건 아니었다. 그도 부흥과 성장을 혼동하며 그저 성장만을 좇는 목사였다. 그러나 인생의 비극이 그의 목회관과 인생관을 바꿨다.

김 목사가 처음 정왕동에서 목회를 시작한 건 1996년이었다. 아파트 단지의 상가 일부를 얻어 교회를 개척했다.

지금 교회와는 이름도 위치도 달랐다. 시화 신도시가 형성될 당시였고 아파트 상가에 있어서 그런지 교회는 날로 성장했다. 많을 때는 장년 130명이 예배에 참석했다. 상가 귀퉁이에서 시작한 교회는 계속해서 예배당을 넓혔다.

그러나 근처에 대형 교회가 들어선 후 교세가 하락했다. 엎친 데 덮친 격으로 2002년, 김 목사의 아들이 교통사고를 당해 척수 장애를 입었다. 아들은 가슴 아래가 모두 마비된 상태로 6년을 투병하다가, 결국 2008년에 천국으로 갔다.

김제언 목사는 아들에게 부끄럽지 않은 아버지가 돼야겠다고 다짐했다. 성장만 좇던 지난날을 반성하고, 의미 있는 사역을 하자고 마음먹었다. 2009년 말, 지역의 다른 교회와 통합하면서 지금의 꿈이있는교회가 되었다. 그때부터 김제언 목사의 제2의 목회가 시작됐다.

## 무료 급식부터 다문화 돌잔치까지

김제언 목사는 할 일 없이 방치되는 노인들을 돕고자 2010년부터 무료 급식을 시작했다. 사역의 효율을 높이기 위해 '희망시흥'이라는 사단법인을 만들었지만, 동업했던 사람과 의견이 맞지 않아 2012년 '참사랑참생명'이라는 법인을 새로 만들었다. 꿈이있는교회 교인들은 법인을 후원하거나 직접 봉사자로 참여한다.

그렇게 시작한 일이 점점 커졌다. 참사랑참생명은 3년 된 법인치고는 제법 많은 일을 한다. 사역의 수도 그렇지만 내용도 실하다.

참사랑참생명의 사역은 크게 6가지로 나뉜다. 먼저, 매주 화요일 꿈이있는교회 예배당에서 '무료 급식'을 한다. 수년째 하다 보니 체계가 제대로 잡혔다. 적십자미미봉사단·한마음누리봉사단·미소신협 등 자원봉사 단체와 개인 봉사자들이 주마다 돌아가면서 일한다. 매주 노인과 노숙인 200여 명이 교회에서 점심을 먹는다.

어르신들을 위해 '시민학교'도 연다. 일주일에 한 번씩 예배당에서 노래 교실, 한글 교실, 댄스 교실이 열린다. 매주 화요일 오전에는 60~70명의 할머니 할아버지가 노래 교실을 수강하고, 오후에는 10여 명이 한글을 배운다. 수요일 오전에는 20여 명의 어르신이 댄스 교실에 참여한다. 한국 사람이 많지만, 중국 동포도 적지 않다.

다른 단체와 연계하는 '연합 봉사'도 있다. 시흥 센트럴병원은 교회와 협약을 맺고 꿈이있는교회에서 추천하는 환자들에게 백내장·녹내장 수술을 무료로 해 준다. 수술비는 병원과 참사랑참생명이 반씩 부담한다. 또, 매월 마지막 주일에는 꿈이있는교회에서 지역 주민을 대상으로 무료 진료도 한다. 교인이든 비교인이든 꿈이있는교회를 통해 오는 환자들은 치료비의 10%를 할인해 준다. 리안헤어 시화로데오점은 매월 한 번씩 이·미용 봉사를 한다. 북경대반점에서는 매월 마지막 주 화요일에 짜장면을 대접한다. 짜장면은 아주 인기라서 많을 때는 700명이 몰리기도 했다.

참사랑참생명 다문화지원국은 매년 10월 첫째 주일, 예배당 옆 군서공원에서 '다문화 돌잔치'를 연다. 공단 이주 노동자와 중국 동포, 다문화 가정 자녀들이 대상이다. 시흥시 평생교육실천협의회, 시흥시 다문화가족지원센터와 연계해서 모든 비용이 무료다. 2013년에는 11가정이, 2014년에는 14가정이 참여했다. 아기들의 생일 축하 행사와 선물은 물론이고 식사와 사진 촬영까지 책임진다. 참사랑참생명은 시흥시에서 주는 '다문화공로상'을 받기도 했다.

또 한 가지 중요한 사역은 '마을 만들기'다. 매월 마지막 주 토요일이면 '동네 마당'을 여는데, 봄에는 '초한(楚漢)대전'이라는 이름의 장기 대회를, 여름에는 가족 단위로 군서공원에서 1박 2일 캠핑을, 가을에는 다문화 돌잔치를, 겨울에는 마을의 1년을 추억하는 사진 전시회와 송년회를 개최한다. 매월 넷째 주 토요일에는 지역 주민과 함께하는 벼룩시장도 열고, 관내 문화단체를 초청해 공연도 하고, 영화도 상영한다. 이날은 아침부터 저녁까지 축제의 시간이다. 지난 5월 25일에는 벼룩시장, 초한대전, 해경 군악대와 시흥시 놀이패의 공연, 영화 '명량' 상영 등의 행사가 열렸다.

교회는 '늘새롬지역아동센터'도 운영한다. 지역 내 초등학생 38명을 돌보고 학습을 도와준다. 이 지역에는 한 부모 가정, 조손 가정 등 가정에서 아이들을 돌보기 어려운 경우가 많다. 밥도 주고 학업도 돕지만, 무엇보다 중요한 건 교사들이 사랑으로 아이들을 품는 것이다. 한번은 할머니를 때려서 할아버지에게 두들겨 맞은 아이가 센터에 왔다. 조손 가정에서 자라면서 마땅히 받아야 할 사랑을 한 번도 제대로 받아 본 적이 없는 아이였다. 이런 아이가 선생님들의 섬김과 사랑으로 학교에서 영재반이 되는 일도 있었다.

## 돈 많아야 사역할 수 있다고?

많은 사역을 하니 교회에 돈이 많은 것처럼 보일 수도 있다. 그러나 김제언 목사는 "돈 없어도 할 수 있다"고 말한다. 처음에는 무료 급식 하나만으로도 고전했던 것이 사

실이다. 그러나 좋은 일을 한다고 알려지기 시작하자 여기저기서 기막힌 인연이 이어졌다. 지금은 무료 급식에 후원하는 업체만 6곳이다. 그중 정육 업체가 있어서 급식에 고기반찬이 빠지지 않는다. 쌀도 지원받는다. 참사랑참생명은 매주 약간의 반찬만 준비하면 된다.

다문화 돌잔치도 마찬가지다. 이 행사 한 번에 2,000만 원 정도의 비용이 드는데, 이것도 대부분 여러 업체의 후원으로 채워진다. 안산 '와스타디움컨벤션웨딩뷔페'에서 점심을, '떡사랑'에서 떡을, '모아베이커리'에서 케이크를, '모노폴리스튜디오'에서 사진 촬영을, '이마트화원'에서 꽃을 후원받는다. 처음부터 모두 갖춰진 채로 시작한 건 아니었다. 부족한 대로 진행하다 보니 뜻이 있는 사람들을 만나 함께하게 됐다.

우연처럼 시작했지만, 김제언 목사에게는 이 모든 것이 하나님이 준비하신 인연이었다. 한번은 마을에서 한 노숙인이 사망했다. 행려자가 죽으면 빈소도 없이 영안실에 있다가 화장되는 게 수순이다. 그런데 그의 동료들이 김제언 목사를 찾아와 빈소라도 구해 달라고 간청했다. 김 목사는 센트럴병원과 얘기해 빈소를 마련해 주었다. 이후 노숙인들 사이에 소문이 나서 노숙인들이 김 목사를 찾는 일이 잦아졌다. 좋은 일을 한다는 것을 알게 된 센트럴병원 원장이 김 목사를 찾아와 협약을 맺은 것이다.

"노숙인들이 그런 거 해 달라고 하면 교회는 대부분 부담돼서 안 하려고 하잖아요. 교회가 관여할 일이 아니라고 생각하고요. 그런데 이런 것도 주변 기관과 연계하면 다 되더라고요. 연이 없어도 가서 사정하다 보면 길이 열려요. 교회 이미지도 좋아지고요. 교회가 세상을 섬길 길은 분명히 있고 또 많은데 우리가 안 찾고 있는 건 아닌가, 꼭 인적·물적 자원이 갖춰져야 할 수 있는 건 아닌데, 이런 생각을 해요."

참사랑참생명은 돈이 많은 게 아니다. 지금 상황에 딱

알맞게 후원이 들어온다. 사실 김제언 목사는 경제적으로 상당히 어려움을 겪고 있다. 꿈이있는교회는 출석 교인이 100명 정도인 작은 교회다. 게다가 2010년, 지금의 예배당을 인수하면서 빚을 크게 졌다. 교인들의 헌금으로는 이자 갚기도 버겁다. 김 목사는 사실상 교회에서 사례를 받지 않는다. 사례비를 받는 것으로 되어 있지만 모두 헌금하는 셈 쳐서 실제로 돈이 오가지 않는다.

그는 3년간 맨몸으로 부딪쳤다. 사회적 지위가 낮은 이들, 어려운 일을 당한 사람들을 도우니 여기저기서 도움의 손길을 만났다. 필요한 만큼 물질이 채워지는 일을 여러 번 경험하면서 김제언 목사에게는 한 가지 신념이 생겼다. '하나님이 이 일을 지켜보고 계시는구나. 그렇다면 우리가 망하지는 않겠구나.'

## 예배당에서 트로트 마음껏 불러도 괜찮아요

많은 사역을 하면서 김제언 목사가 놀란 게 하나 있다. 봉사하러 오는 사람이 기독교 신자보다 비신자들이 더 많은 것이다. 지금도 봉사자의 30%만 교인이고 나머지는 비기독교인이다. 참사랑참생명의 대표가 목사이고 대부분의 일을 교회에서 한다고 알려졌어도, 후원하는 업체는 거의

비신자가 운영하는 곳이다. "저는 기독교인만 봉사에 관심이 있는 줄 알았는데, 외려 비신자들이 더 열심이더라고요. 이런 모습을 보면 여러 가지 생각을 하게 됩니다."

현장에서 이런 모습들을 접하며 김 목사의 생각도 많이 열리게 됐다. 꼭 교회에 다니지 않아도, 종교가 달라도 주민들을 섬기고 지역을 아름답게 하는 일이라면 손을 잡았다. 예전에 목회만 할 때는 목사들만 만났는데, 지금은 마을 주민들과 복지 단체 사람들, 후원 업체 사람들을 더 자주 만난다. 술은 마시지 않지만 술자리도 마다하지 않는다. 담임목사라는 타이틀을 내려놓고 가벼운 몸으로 교인들과 주민들을 만난다. 신기하게도 그럴수록 사람들은 더 많이 다가와 마음을 열었다.

예배당에서 트로트가 울려 퍼져도 괜찮다. 한번은 노래 교실에 참가한 어느 할머니 집사님이 김제언 목사에게 이런 말을 했다고 한다. 노래 부르는 건 정말 재밌는데 겁난다고, 교회에서 트로트 부른다고 예수님께 혼날 것 같다고. 김제언 목사는 이렇게 대답했다. "예수님은 할머니 할아버지들이 행복하기를 바라실 거예요. 만약 예수님이 혼내신다면 제가 벌 받을 테니 마음 편히 부르세요."

## 사역의 목적은 오직 '영혼 구원'

마을을 섬기는 일 자체가 김제언 목사의 궁극적인 목표는 아니다. 그는 이 모든 일의 목적이 '영혼 구원'이라고 단호하게 말한다. 같이 봉사하는 사람들이 예수님을 믿고 천국에 이르기를 바라고 있다. 김 목사에게는 그들을 더 적극적으로 전도하지 못했다는 부담감도 있다. 비신자들과 많이 만나고 열린 마음으로 함께 일하고 있지만, 그는 보수적인 신앙을 간직한 사람이다.

그러나 그가 생각하는 전도는 단지 교세 불리기 차원이 아니다. 김제언 목사는 그동안 많은 개척 교회가 답습해 오던 전도에 문제의식을 느끼고 있었다. 비신자를 교회로 인도하는 것만 중요하게 생각하고, 정작 그들의 삶을 변화시키지 못하는 전도. 이는 결국 자신과 자기 교회의 이익만 생각하는 이기적인 교인을 양산한다. 그래도 교인이 많아져 생계 문제가 해결되었다고 안도하는 게 목사들의 현실이었다.

"저희 교회 이름이 꿈이있는교회인 이유는, 예수님의 꿈을 꾸는 교회라는 뜻입니다. 예수님의 꿈은 우리 모두를 구원하는 것이고, 구원은 곧 사람들을 천국으로 이끄는 것이죠. 저는 많은 교회가 이 '천국'을 오해하고 있다고 생각해요. 천국은 금은보화가 깔려 있어서 그걸 내 맘대로 쓸 수 있는, 그런 곳은 아닌 것 같아요. 천국은 우리의 일상과 똑같은 곳일 수 있어요. 노동이 존재합니다. 다만, 노동을 하고도 빼앗기거나 착취당하는 억울함이 없는 거예요. 하나님의 공의와 사랑이 다스리시니까요.

천국을 꿈꾸는 사람은 현실에서도 그렇게 살아갑니다. 이타적으로 산다는 거죠. 그런데 천국을 내가 더 잘되고 출세하는 곳으로 생각하는 게 문제예요. 예수님을 믿는다는 사람이 '나'와 '우리 교회'밖에 모르는 거예요. 이기적이고 배타적인 모습이죠. 이건 '마귀들과 싸울지라'라는 찬양을 부르고 불같이 기도한다고 해결될 문제가 아닙니다. 교회가 사회를 끌어안아야

해요. 사회 속으로 들어가서 그들과 함께 살면서 그들을 섬겨야 합니다."

김제언 목사는 봉사자들과 주민들을 전도하지 못하는 것을 반성한다고 했다. 개인적으로 몇 명에게 넌지시 얘기하기는 했지만, 적극적으로 전도하지는 못했다는 것이다. 그동안은 신뢰를 쌓는 기간이었다면서 이제부터라도 열심히 전도하겠다고 다짐했다. "결국 포교를 위한 봉사였느냐"고 비난받더라도 해야 한다고 말했다. 김 목사에게 참사랑참생명을 비롯한 모든 섬김은 영혼 구원을 위한 통로였다.

## 조금씩 조금씩, 살맛 나는 우리 동네

엄밀히 말하면 참사랑참생명은 꿈이있는교회와 별개 기관이다. 마을과 관련한 모든 사역은 교회가 아니라 법인이 하는 일이다. 하지만 참사랑참생명이 사역을 거듭할수록 꿈이있는교회의 이미지는 점점 좋아진다. 법인의 대표가 김제언 목사인 것을 주민들이 알고 있고, 법인 활동이 교회 예배당에서 많이 이뤄지기 때문이다.

김제언 목사가 2010년 정왕1동에 처음 왔을 때만 해도 주민들은 교회에 반감이 심했다. 예배당에 돌이 날아와 창문이 깨진 적도 있었고, 앞마당은 술판을 벌이는 사람들로 엉망이 되기 일쑤였다. 주민들은 정주 의식 없이 떠돌았고, 마을에는 쓰레기가 넘쳐 났다.

하지만 지금은 다르다. 참사랑참생명의 노력으로 주민들은 조금씩 꿈이있는교회에 마음을 열었다. 일례로, 교회 바로 옆에 리어카 여러 대를 세워 놓는 아저씨가 있었다. 고물을 모아 파는 사람이었는데, 교회가 리어카를 조금만 비켜 달라고 해도 신경을 곤두세우기 일쑤였다. 그러나 교인들은 무료 급식 때마다 꾸준히 아저씨에게 식사를 전달했다. 이제 그 아저씨는 교회 일이라면 무조건 협조한다.

마을에도 조금씩 활기가 돈다. 한 달에 한 번씩 '동네 마당'이 열리니 동네가 북적북적해진다. 노래 교실이나 댄스 교실이 열릴 때는 할머니 할아버지들의 깔깔거리는 웃음소리가 교회 밖에서도 들린다. 우중충한 지역 분위기가 확 바뀌지는 않았지만, 5년 전과 비교하면 확실히 다르다.

## 지역 섬김, 목사가 행복해지는 비결

김제언 목사의 사역은 계속 진화한다. 그는 지금 뜻이 있는 사람들과 함께 사회적 기업을 설립하려고 시흥시에

인증을 신청했다. 마을의 쓰레기 문제를 해결하기 위해서다. 지역 주민들에게 일자리를 주고 쓰레기 문제도 처리하는 일석이조의 효과를 노리고 있다.

또 한 가지 그가 바라는 게 있다면, 이런 형태가 새로운 목회의 모델이 되었으면 하는 것이다. 개척 교회의 많은 목사가 교회를 생계 수단으로 여길 수밖에 없는 현실을 김 목사는 잘 알고 있다. 그는 앞으로 개척 교회 목사들이 이중직을 가지는 방향으로 가야 한다고 생각한다. 법인이나 사회적 기업 등 주민들을 섬기는 일로 생계를 유지하면서 목회에 힘쓰는 것이 지금 시대에 걸맞다는 것이다.

하지만 오로지 생계를 위해서만은 아니다. 그런 일이 바로 목사가 행복해지는 비결이기도 하다. 교회가 지역에 녹아들고, 목사가 주민들에게 녹아들어 함께 늙어 가는 것. 서로 인생의 동반자로 기대어 사는 삶이라면 더는 부족함이 없다. 한국교회가 어렵다고 얘기하는 사람이 많지만, 그래도 김 목사는 교회가 하겠다는 마음만 있으면 길은 많다고 이야기한다. 교회 문턱을 낮추면 낮출수록 주민들이 물처럼 흘러 들어오는 것을 경험했기 때문이다.

● 취재/글 _구권효 기자

# 3

이웃과 함께하는
도시 교회 2

# An Urban Church creating a Community with Neighbors

# 봉사 활동으로 지역 주민 사로잡은 교회

꿈이있는교회

An Urban Church creating
a Community with Neighbors

지난 2006년 4월, 노지훈 목사는 전북 익산에 꿈이 있는교회를 개척했다. 15년 넘게 서울에서 부교역자로 사역하다가 아는 사람 한 명 없는 낯선 도시에 교회를 세웠다. 평범한 교회로 출발한 꿈이있는교회는 현재 'CHE(Community Health Evangelism: 지역사회 개발 선교 전략)' 사역을 바탕으로 지역사회를 위한 선교 활동을 벌이고 있다.

'CHE' 사역은 교회와 지역 주민이 함께 지역을 바꿔 나가는 운동으로, 지역사회 개발 선교 전문가 스탠 롤랜드가 고안했다. 여기에서 영감을 얻은 노 목사는 봉사 활동을 하면서 주민에게 하나님나라를 소개하고, 지역 문제를 함께 해결해 나간다.

지난 10년간 꾸준히 활동을 펼친 이 교회는 지역사회에서 '착한 교회', '우리 교회'로 통한다. 주민에게 꿈이있는교회는 '예배만 하는 교회', '자기들끼리만 어울리는 교회', '밤에는 문부터 걸어 잠그는 교회', '일요일만 되면 시끄러운 교회'가 아니다. 귀찮고 불편한 일을 도맡아 하고, 항상 웃는 낯으로 이웃을 대하는 교회다.

꿈이있는교회는 지난 2011년, 익산 남중동에서 지금의 부송동으로 교회를 이전했다. 다른 교회가 사용하던 지하 1층, 지상 4층짜리 건물을 매입했다. 노 목사와 교인들은 지역 주민 누구나 교회를 이용할 수 있도록 건물 전체를 리모델링했다. 지하 1층에는 예배당이 있다. 성인 80여 명이 앉으면 꽉 찰 정도로 아담하다. 예배당은 기도하고 싶은 이들을 위해 365일 개방한다. 아주 가끔 좀도둑이 드나들지만, 지금까지 단 한 번도 문을 걸어 잠근 적은 없다.

1층은 어린이집과 체육관 등이 있으며, 다용도로 사용한다. 악기와 영어, 창의력 수업 등을 하는 드림문화센터도 있다. 2층에는 전통 찻집이 있다. 여름에는 팥빙수를, 겨울에는 레몬생강차, 대추차, 쌍화탕 등을 판다. 카페를 찾는 손님 중 90%가 외부인이다. 3층과 4층에는 세미나실과 게스트하우스가 있다. 익산 지역 NGO 단체와 학부모 단체가 주로 이용한다.

"다양한 사람들이 교회 안에서 나름의 공동체를 형성하고 있습니다. 비신자들은 교회에서 모임하는 것을 낯설어하고 부담스러워했습니다. 다행히 지금은 잘 적응해서 전혀 문제없이 이용하고 있습니다. 교회가 교인만을 위한 공간이 아니라 지역 주민이 왕래하는 공간으로 바뀌어서 감사할 따름입니다."

노지훈 목사는 미국 세이비어교회(고든 코스비 목사)의 영향을 많이 받았다고 했다. 세이비어교회는 교인이 150명 정도밖에 안 되는 작은 교회지만, 주거, 마약 퇴치 및 예방, 알코올 중독, 미혼모 문제 등 사회문제에 적극 개입한다. 노 목사는 세이비어교회처럼 선한 일을 통해 지역사회에 하나님나라를 알리고, 지역사회 문제도 해결해 나가고 싶다는 소망을 품었다.

"'가장 유익한 시도는 정말로 순수해서 어떻게 시작해야 하는지 정도만 아는, 순수한 사람들에 의해서 이루어진다. 지나치게 지혜롭거나 경험이 많은 사람은 너무 많은 것을 알고 있어서 오히려 불가능한 일은 결코 이룰 수 없다.' 온전히 예수님의 뜻을 이행하려는 순수한 마음만 있다면 못할 일이 없다는 고든 코스비 목사의 말입니다. '교회 다니지 않는 사람을 위한

교회'라는 모토를 내건 꿈이있는교회는 세상에 빛과 소금이 되기 위해 다양한 방법으로 안 될 거라 생각했던 사역들을 감당하고 있습니다."

꿈이있는교회가 펼치는 사역은 한두 개가 아니다. 교회에 다니지 않는 주부들을 대상으로 하는 소그룹 모임과 봉사 활동, 각종 세미나까지 다양하다.

모든 일을 총괄하는 노지훈 목사는 언제나 분주하다. 아파트 관리소, 주민센터, 경찰서, 복지관 등의 관계자가 참여하는 '주거복지거버넌스' 위원장을 맡고 있고, 지역 교회 담임목사들의 독서 모임을 이끌고 있다. 이 밖에도 익산시청 신우회 지도 목사, 원광대 로스쿨 신우회 지도 목사, 동양물산·동양기계 사목을 맡아 정기적으로 설교한다.

현재 노 목사의 고민은 지역사회를 위해 교회가 할 수 있는 일을 찾는 것과 '교회 연합'이다. 이 사역을 위해 지난 10년간 교인들을 교육했고, 그 결과 꿈이있는교회는 지역사회에서 선한 영향력을 미치는 교회로 자리매김했다.

## 궂은일도 척척, 솔선수범 봉사 활동 '겨자씨 프로젝트'

꿈이있는교회가 '착한 교회', '우리 교회'로 통하는 배경은 자체 봉사 활동 '겨자씨 프로젝트(겨프)'와 관련이 깊다. 노 목사와 교인들은 개척 당시부터 한 달에 1~2회 정도 꾸준히 겨프를 시행하고 있다. 교회에 나오라며 물티슈와 휴지를 나눠 주는 전도나 '예수 천국 불신 지옥'을 외치는 원색적인 홍보와는 성격이 다르다.

겨프는 비 오는 날 정류장에서 우산을 빌려주는 것으로 시작했다. 빈손으로 내리는 주민에게 우산을 빌려줬는데, 대부분 회수됐다. 유난히 모기가 많은 동네에 직접 찾아가 방역기도 돌렸다. 처음에는 뜨뜻미지근한 반응을 보이던 주민들도 나중에는 서로 방역해 달라고 요청했다. 꿈이있는교회는 활동의 폭을 조금씩 넓혀 갔다. 날씨가 더운 여름에는 마을 어귀에 삼삼오오 모여 더위를 피하는 어른들에게 아이스크림이나 시원한 음료수를 드렸고, 길에서 만난 동네 어른에게는 깍듯하게 인사를 했다. 상습 쓰레기 투기 장소에 꽃을 심어 꽃밭을 만들기도 했다.

지역 주민의 반응은 좋았다. 어느 할머니는 봉사 활동을 하러 온 교인들을 향해 "꿈이있는교회에서 나왔지? 노지훈 목사님 교회 맞지?"라며 반갑게 맞아 줬다. 불교 신자인 할머니는 "이 동네에서는 교회와 노 목사의 이름을 모르면 간첩"이라며 칭찬을 아끼지 않았다.

얼핏 봤을 때는 마을 부녀회가 하는 일을 따라 하는 것처럼 보이지만, 노 목사는 겨프만큼 교회 이미지 개선에 좋은 것은 없다고 말한다. 겨프로 교회에 대한 부정적인 시선을 완화할 수 있다는 것이다.

겨프를 실행하기 위해서는 교인들의 '주인 의식'과 '지속

성'이 필요하다. 섬기는 자세가 없거나, 일시적인 봉사 활동에 그친다면 지역 주민의 닫힌 마음을 열 수 없다. 봉사든 일이든 소정 기간 훈련이 필요하듯, 겨프 역시 마찬가지다. 어떻게 하면 교회가 하나님나라를 세상에 보여 줄 수 있는지 교인들이 스스로 고민해야 한다. 마을 지도를 그리고 그룹을 나눠 현장 답사도 해야 한다. 여기서 가장 중요한 점은 교인들이 하고 싶은 일을 하는 게 아니라 지역 주민에게 필요한 일을 하는 것이다.

좋은 소식이 그렇듯 좋은 활동도 나누면 배가 된다. 지역 주민의 변화를 직접 체험한 노지훈 목사는 주변 교회에 다니며 겨프 전파에 나섰다. 그 결과 이리중앙교회(조성천 목사), 익산 기쁨의교회(박윤성 목사), 익산 청복교회(김도경 목사) 등 지역 내 중·대형 교회도 겨프팀을 만들어 섬김 사역을 펼치고 있다.

## 소외된 이웃 향한 '안녕하세요'

겨자씨 프로젝트의 일환이기도 한 '안녕하세요' 프로젝트는 꿈이있는교회가 펼치는 사역 중 하나다. 독거노인과 소년 소녀 가장 등 소외된 이웃을 돌보는 프로그램이다.

교회를 이전한 지 얼마 안 됐을 때, 노 목사는 교인들과

함께 저소득층 가정에 쌀과 김치를 전달한 적이 있다. 두 손 꼭 잡고 고마움을 전할 것이라는 기대와 달리, 지원 물품을 받은 사람들은 무덤덤한 반응을 보였다. 지원받는 것에 익숙해진 탓이다.

"하루는 쌀 20킬로그램과 김치를 들고 할머니 혼자 사시는 집에 방문했습니다. 당연히 할머니가 기뻐하실 거라 생각했는데, 그렇지 않았습니다. 알고 보니 시청과 복지 단체에서 받은 쌀이 꽤 많았던 거죠. 다 먹지 못한 김치는 한쪽에서 썩어 가고 있었습니다. 그때 '받는 사람 입장에서 다시 한 번 생각하자'고 다짐했습니다."

이 일을 겪은 뒤, 물질로 하는 사역보다 재능 기부에 초점을 맞췄다. 익산시 주민지원과와 협조하여 독거노인과 소년 소녀 가장 등 복지 사각지대에 있는 사람들을 파악했다. 교인 서너 명이 한 조가 되어 일주일에 1~2회씩 전화로 안부를 물었다. 그저 단순한 물품 지원보다는 따뜻한 관심과 사랑으로 공허한 마음을 만져 주자는 취지였다. 통화를 하면서 건강 상태를 체크하고, 때로는 과일이나 국거리를 사다 주고, 아플 때는 약도 챙겨 줬다. 설거지와 청소, 안마도 해 주면서 소외된 이웃과 함께하고 있다.

## 8주면 기적이 일어난다

　꿈이있는교회는 단순히 지역 주민과 유대감이나 친밀감을 형성하는 것에 그치지 않았다. 주민들이 안고 있는 고민이 무엇인지, 실생활에서 겪는 불편함은 없는지 확인하고 대안까지 제시했다. 그 일환으로 낮에 집에 혼자 있는 주부들을 대상으로 '8주간의 기적'이라는 프로그램을 진행했다. 일주일에 2시간 정도 일반 가정집에서 정기적으로 모였다. 8~15명이 한 조를 이뤄 알아 두면 좋을 일상생활 '팁'을 공유했다.

　예를 들어, 주부들에게 집에서 설거지한 접시를 가져오게 했다. 간단한 검사로 접시에 일반 세제 성분이 남아 있음을 알려 주고, 인체에 해로운 세제 대신 쌀뜨물로 천연 세제 만드는 법을 소개했다. 이 외에도 아이들의 스마트폰 절제 방법, 수족구 예방법, 약밥 만들기, 공간을 활용해 수납하는 기술, 아토피 치료법과 아파트 베란다에서 유기농 채소를 재배하는 방법 등을 전했다.

　'8주간의 기적' 레슨 중에서 가장 반응이 좋았던 것은 어린이 유괴 및 아동 성폭력 예방 교육이었다. 자녀에게 낯선 사람을 절대 따라가지 말라는 교육만 하던 엄마들에게 유괴범의 인상착의와 유괴 수법, 예방 교육 등을 상세히 알려 줬다. 그런 다음 실제로 실습도 했다. 미리 약속을 정하고 자녀들을 상대로 유괴 상황을 재현한 것이다. 그 결과 낯선 사람을 의심 없이 따라가는 아이도 있었다. 실험 동영상을 관찰한 부모들은 유괴의 위험성을 다시 한 번 인지하고, 아이들을 재교육했다.

"말로만 들은 교육은 10%, 영상 교육은 30%, 직접 체험한 교육은 80% 정도 기억에 남는다고 합니다. 8주간의 기적은 설명만 하는 것이 아니라 함께 나누고 직접 적용하기 때문에 교육 효과가 아주 큽니다. 사회적으로 이슈가 된 문제를 교회에서 직접 다루니 주부뿐만 아니라 아빠들도 좋아했습니다."

8주간의 기적에 참여한 주부들은 이구동성으로 아빠들을 위한 모임도 만들어 달라고 요청했다. 꿈이있는교회는 '아빠들을 위한 8주간의 기적'이라는 소그룹을 열었다. 아빠들은 퇴근 후 피곤하다는 이유로 자녀들과 놀아 주지 않았고, 사실 아이들과 놀아 주고 싶어도 방법을 잘 몰랐다. 꿈이있는교회는 아빠 놀이 학교를 통해 어떻게 하면 아이와 잘 놀아 줄 수 있는지 가르쳐 줬다. 자녀들이 좋아하는 놀이뿐 아니라 아내를 행복하게 하는 이벤트 방법 등 다양한 레슨을 개발해 아빠들을 변화시키는 과정을 만들었다.

술 마시기 바쁘던 아빠들은 레슨을 통해 가족과 더 깊은 친밀감을 누릴 수 있었다.

"8주간의 기적이 진행되는 동안, 해당 주민을 교회로 초청하는 시간이 두 번 정도 있습니다. 막무가내로 초청하는 게 아니라 소그룹에서 진행한 '레슨'을 교회에서 더 깊이 있게 알려주는 것입니다. 이때 주민이 부담을 느끼지 않도록 조심해야 합니다. 자신의 삶을 건강하게 변화시켜 준 교회에 마음을 열고 다가올 수 있도록 그들을 배려해야 합니다."

8주간의 기적에 참여한 일부 주민은 꿈이있는교회에 등록해서 신앙생활을 하고 있다. 또, 교회에 등록하지는 않았지만 행사에 참여하는 주민도 적지 않다. 노 목사는 가끔 교회에서 소풍을 가거나 성탄절 행사를 하면 절반 이상은 모르는 사람일 정도로 주민 참여가 높다고 말했다.

## 청년부 연합 사역 추진

노지훈 목사가 인터뷰에서 자주 사용한 단어 중 하나는 '연합'이다. 교회 성장이 정체된 상황 속에서 각 교회는 경쟁이 아닌 연합으로 위기의 돌파구를 마련해야 한다는 게 노 목사의 목회 철학이다. 청년 문제에 관심이 많은 노 목사는 일선 교회 청년부 목사들과 의기투합해서 도심지 수련회, 연합 겨울 수련회, 연합 체육대회 등을 추진했다. 취업과 결혼 문제에 봉착한 청년들이 다양한 이유로 교회를 떠나고 있는데, 어떻게 해서든 그들을 붙잡자는 고민에서 출발한 것이었다.

하지만 청년부 사역자가 바뀌거나 임지를 떠나면 자연스럽게 연합 모임은 힘을 잃고 해체됐다. 노 목사는 방법을 강구했다. 먼저 담임목사들을 설득해 허락을 받은 다음 청년부 사역자를 끌어모았다. 열 군데가 넘는 교회 청년부의 사역자들이 함께 모여 '청년사역연구소'를 만들었다. 청년들의 문제를 함께 고민하고 수련회와 체육대회, 캠퍼스 전도 등을 함께 했다. 덕분에 청년들의 교제가 활발해지고, 청년들의 교회 이탈률도 줄어들었다고 한다.

직장 문제로 지방을 떠나는 청년을 위해 지역 실업인회와 네트워크를 형성했다. 일손이 필요한 사업장과 청년을 연결해 주는 것이다. 교회와 사업장 모두 적극 동참하고 있어서 반응이 좋은 편이다.

노 목사는 교회가 연합하면 다양한 일을 할 수 있다고 말했다. 하루는 한 시민 단체가 악취 문제로 주민 서명을 받고 있다며 노 목사에게 도움을 요청했다. 시민 단체가 한 달 동안 발로 뛰며 모은 서명 용지는 3,000장 정도였다. 노 목사는 익산시 담임 목회자들의 모임인 '큰숲네트워크'에 서명을 부탁했다. 그 결과, 1주일 만에 4,000장이 넘는 서명을 받았다. 시민 단체는 교회에 감사 인사를 전했다.

## 안 된다고 생각하면 '안 되는' 것

30명으로 출발한 꿈이있는교회는 현재 120여 명의 교인이 출석하고 있다. 교회 규모에 비해 하는 일이 많다고 이야기하자, 노지훈 목사가 웃으며 답했다.

"마음가짐의 문제이기도 한데요, 안 된다고 생각하면 안 되는 겁니다. '우리 교회는 재정이 없으니까', '우리 교회는 청년이 없으니까', '우리 교회는 외곽 지역에 있으니까'라는 식으로 목회자나 교인들이 얼마든지 핑계를 댈 수 있습니다. 하지만 하나님나라를 꿈꾸는 교회가 해야 할 일이 무엇인지 고민하면 쉽게 답을 찾을 수 있다고 생각합니다. 지역사회를 도우면서 복음을 전파할 수 있는 길이 이처럼 다양합니다. 실제로 대안이 없다고 말씀하시는 분이 많은데, 저는 창의적으로 접근을 못하는 게 문제라고 생각합니다. 충분히 더 많은 일을 할 수 있습니다.

또, 아무리 좋은 운동이어도 몇몇 교회만으로는 분명 한계가 있습니다. 그래서 지역 내 여러 목사님들에게 동의를 구해 겨자씨 프로젝트와 청년부 연합 운동에 동참해 달라고 요청했습니다. 다양한 교회가 지역사회의 궂은일을 스스로 맡아 하면 척박해진 복음 토양도 비옥하게 변할 수 있으리라 믿습니다."

● 취재/글 _이용필 기자

# 4

이웃과 함께하는
도시 교회 2

# An Urban Church creating a Community with Neighbors

# 보일 듯 말 듯,
# 지역에
# 스며든 교회

고기교회

An Urban Church creating
a Community with Neighbors

　경기도 성남시 분당에서 수지, 판교로 이어지는 아파트촌 일대에 동떨어진 섬 같은 교회가 하나 있다. 고기교회(안홍택 목사)는 교회가 위치한 경기도 용인시 수지구 고기동에서 이름을 따 왔다. 이곳에서는 여느 교회와 달리 지붕 높이 솟은 십자가나 커다란 머릿돌, 화려한 간판을 찾아볼 수 없다. 문패가 있긴 하지만 50cm 정도 길이의 나무판에 이름을 새긴 것이 전부다. 그나마 가까이 다가가야 뚜렷하게 이름을 확인할 수 있다.

　도로변에 있어서 마음만 먹으면 얼마든지 사람들의 이목을 끌 수 있을 텐데, 교회를 알리는 간판 하나 없는 것이 의아했다. 그러나 이유는 간단하다. 내비게이션을 검색하면 얼마든지 찾아올 수 있을 뿐 아니라 외부인보다는 지역 주민들이 찾아오는 경우가 더 많기 때문에 굳이 큰 길에 안내 간판을 설치할 필요가 없다.

## 교회가 가진 것을 나눌 수 있게 해 준 마을에 감사

교인이 100명도 채 안 되는 작은 교회. 안홍택 담임목사는 지역을 섬기는 데는 오히려 작은 교회가 더 유리하다고 한다. 교회 크기가 작기 때문에 겸손할 수 있고, 그런 겸손함 덕분에 마을에서 교회를 더 쉽게 찾을 수 있다는 것이다. 지역단체나 학교에서 교회로 찾아와 먼저 손을 내민다. 심지어 가톨릭·불교 신자, 무신론자, 다른 교회 교인들도 모두 고기교회의 친구다. 교회는 이들에게 필요한 것을 공급하고, 때로는 도움을 받기도 한다.

"교회가 있기 전부터 마을이 있었어요. 지역이 먼저 있었는데 교회가 들어가서 자리를 잡은 것이죠. 교회는 가진 것을 조심스럽게 마을과 나누는 거예요. 우리로서는 감사한 일이죠. 나눌 수 있게 우리를 받아 주니까요.

요즘 교회 건물들을 보면 너무 거만한 것 같아요. 주변 모습

은 아랑곳하지 않고 교회를 막 지어요. '우리가 하나님의 말씀을 선포하니까 무조건 들으라'고 고압적으로 얘기하는 것 같아요. 예수님은 낮아져서 무릎을 꿇고 섬기셨는데, 반대로 가는 한국교회의 모습이 너무 안타까워요."

자연에 스며들어 지역과 소통하고 아낌없이 나누는 고기교회. 이 지역에서는 고기교회와 마을을 명확하게 구분할 수 없다. 교회가 언제나 마을과 함께하기 때문이다. 안홍택 목사는 교회가 게토처럼 고립되지 않고 끊임없이 지역과 소통하는 모습을 보일 때 내적으로 성장할 수 있을 것이라 말한다. 교회 문을 완전히 개방하면 새로운 물이 흘러들어서 썩지 않고 변화되는 모습을 보일 것이라고 한다. 이것이 고기교회가 지향하는 지역 섬김 사역이다.

## 단순한 신앙생활에서 맛보는 풍성한 은혜

고기교회에는 교인들을 대상으로 하는 신앙 훈련 프로그램이 많지 않다. 안홍택 목사의 목회 원칙은 '될 수 있으면 아무것도 하지 않는 것'이다. 일대일 제자 양육, 전도 폭발 세미나, 알파 코스 등의 교인 훈련 프로그램이 없다. 오직 예배만 있다. 주일 오전과 오후 예배, 수요 예배,

새벽 기도회가 전부다. 오직 예배를 통해 하나님의 임재를 느끼도록 하는 것이다. 안 목사가 20여 년 동안 고수한 방식이다. 그는 한국교회에 넘쳐나는 프로그램을 경계한다.

"교인 한 명 한 명이 하나님의 개별적인 개입을 느끼거나 하나님과 직접 만나야 합니다. 그런데 요즘은 교회에서 프로그램으로 하나님을 만나게 하니까 신앙이 아니라 인위적인 종교성이 생기는 것이죠. 한국교회가 프로그램에 붙들려 있습니다. 그래서 우리는 이런저런 프로그램을 하지 않기로 정하고 그렇게 실천하고 있습니다."

## '밭토실'과 함께 자라나는 고기동 아이들의 꿈

고기교회가 진행하는 다양한 지역 섬김 사역 중에 단연 눈에 띄는 것은 어린이 도서관이다. 지역 주민들에게 많이 사랑받는 시설이기 때문이다. 안홍택 목사가 어린이 도서관을 시작한 건 순전히 지역의 필요 때문이었다. 이웃 주민들에게 필요한 부분이 안 목사의 눈에 들어왔는데, 그건 바로 어린이를 위한 공간이었다. 그는 고기동에 아이들이 문화 혜택을 누릴 수 있는 공간이 별로 없는 것에 주목했다. 이곳은 시내로 나가는 차편이 적어서 아이들이 좋아하는 문구 하나를 살 때도 반나절 이상을 이동에만 할애해야 한다. 안 목사는 그런 아이들에게 좋은 선물을 하고 싶었다. 그러나 절대 혼자 결정하지 않았다. 고기초등학교 학부모들과 관계를 맺어 가며 교회가 아이들을 위해 할 수 있는 일이 무엇인지 파악했다.

지역 주민들과 논의한 끝에 어린이를 위한 도서관을 만들기로 했다. 안 목사가 2년 동안 직접 책 분류, 공간 배치 등 도서관 운영과 관련한 교육을 받았다. 지역 주민들과 함께 좋은 도서관으로 선정된 곳을 탐방해서 고기동에 적합한 도서관의 모습을 그려 갔다.

이 지역을 둘러싸고 있는 산에는 참나뭇과 식물이 많은데, 특히 고기동에는 밤나무가 많다. 그래서 다른 곳에 사는 사람들도 가을만 되면 밤을 주우러 온다. 어린이 도서관을 준비하는 사람들은 여기서 도서관 이름을 떠올렸다. 동요 '산토끼'에 나오는 '토실토실 밤토실'의 밤토실이 이름에 적합하다고 생각했다. 밤나무가 지천에 널려 있는 지역의 특성을 반영하고, 토실토실 밤토실이라는 말이 주는 느낌도 살릴 수 있다. 요즘 아이들은 인스턴트 음식을 즐겨 먹으면서 투실투실 살이 찐다. 그러나 건강한 아이들은 토실토실하게 알토란같이 자란다. 도서관을 이용하는 아이들이 그렇게 건강하고 귀엽게 커 갔으면 좋겠다는 바람을 담았다.

'밤토실'은 고기교회 예배당 옆에 위치했다. 담임목사 사택으로 쓰던 공간이었는데 보수, 수리를 거쳐 근사한 어린이 도서관이 되었다. 어린이도서관협회에서 활동하던 지인이 어린이 도서 300권을 증정하면서 시작했다. 양질의 정보를 담은 책을 선별해서 공공 도서관 분류 방법에 맞춰 배치했다. 교회가 운영한다고 전문성이 부족할 것이라 생각하면 오산이다. 2015년 현재, 밤토실이 소장한 책만 10,000권이 넘는다. 전집과 낡고 헌책은 피하고, 최대한 양질의 책을 비치했다. 도서관 도우미가 교대로 돌아가면서 월요일부터 금요일, 오후 1시부터 6시까지 운영한다. 전체 도우미 10명 중 3명이 고기교회 교인이다.

자신들의 눈높이에 맞게 디자인된 어린이 도서관을 찾은 아이들은, 책 사이를 뛰어다니기도 하고 여기저기를 구경하며 놀기도 한다. 그러다 지치면 책을 읽는다. 또, 도서관에서 열리는 다양한 행사에 참여하기도 한다. 읽은 책으로 인형극 놀이를 하거나 책에 나온 곳을 여행한다. 도서관에서는 '밤토실 백일장'이라는 이름으로 해마다 글짓기 대회도 연다.

도서관에 관련된 모든 정보는 공식 홈페이지(http://

작은도서관
HAPPY NEW YEAR
NFORMATION
안내 / 대출
시사IN
도서관에서 보는 책입니다
투표가 시작이다
우등생과학
개똥이네 집
개똥이네 놀이터
오늘의 도서관
규합총서

cafe.naver.com/bamtosilibrary)에서 볼 수 있다. 공지 사항과 교육 및 강좌를 안내하면 지역 주민들은 댓글로 수강 신청을 한다. 2014년 겨울 방학에는 초등학생을 대상으로 '그림책으로 세상 보기' 수업을 진행했다. 그림책을 보면서 문화 다양성, 인권, 평화, 환경, 국제 협력 다섯 가지 주제로 토론하는 시간이었다. 참가비는 5회에 5,000원이다. 재료비 2,000원만 받고 '동화 속 인형 만들기'를 하는 수업도 있고, 방학 중에는 매주 목요일을 '영화 보는 날'로 정해 지역 어린이들을 초대하는 행사도 연다.

어린이 도서관이라고 어린이들만 이용하는 장소라고 생각하면 오산이다. 학부모들도 '글쎄다'라는 어른 문학 동아리를 만들어 책 모임을 한다. 자녀와 도서관을 찾은 부모들이 자연스럽게 교제하고, 자발적으로 동아리도 만든다. 도서관이 단순히 책만 읽는 공간이 아니라 다채로운 활동을 할 수 있는 교육의 장인 셈이다.

고기교회는 도서관이 잘 운영될 수 있도록 임대료, 전기료, 전화비 등의 비용을 전부 감당한다. 도서관의 모든 행사는 동네의 도서관 도우미와 봉사자들이 주도해서 자체적으로 진행한다. 그래서 도서관 앞에 교회 이름이 들어가지 않는다. 교회가 전면에 나서지 않으면서도 어린이 도서관을 애정으로 지원하는 이유는 도서관이 공공성을 유지할 수 있는 곳이라고 믿기 때문이다.

"유네스코 헌장에서는 아무 때나, 아무 조건 없이 자기가 원하는 정보를 스스로 얻어 가는 곳을 도서관이라 칭하고 있습니다. '밤토실'도서관은 모두에게 개방된 곳, 차별이 없는 공간이죠. 도서관만큼은 빈부의 차가 비집고 들어올 틈이 없습니다. 누구나 이곳에 모여 원하는 정보를 얻을 수 있어요."

## 동네 사람들이 사랑방처럼 찾는 교회

지금 고기교회 근처에는 큰 식당이나 카페가 여럿 있지만, 전에는 그렇지 않았다. 동네 사람들이 길에서 만나도 어디 가서 차 한잔 마실 수 있는 곳이 없었다. 그래서 착안한 것이 '그냥...가게'다. '그냥...가게'는 말 그대로 그냥 와서 앉아 있다가 차 한잔 마시고 갈 수 있는 가게다. 수요일과 목요일에만 운영하는데 이곳에서는 무료로 차를 마실 수 있다.

안 목사는 카페에서 차를 마시되 대가를 지불하는 개념이 아니라 서로 소통하고 마음을 나누는 것을 더 중요하게 생각했다. 모두 자본 가치에만 집착하는 시대에 마음을 주고받는 자리가 지역에 하나 정도는 있었으면 좋겠다고 생

각했다. 돈을 주고 물건을 사는 것은 하나를 주면 하나를 받는 것처럼 당연한 일이다. 그러나 그는 '그냥…가게'에서 값없이 거저 받는 하나님 은혜의 원리를 살리고 싶었다.

찻집이 '그냥…가게'의 전부는 아니다. '그냥…가게'는

생필품을 기증받아 서로 나누기도 한다. 이곳을 방문한 주민들은 옷이나 생필품을 서로 교환하거나 저렴한 가격으로 구매할 수 있다. 입던 옷이라 해도 비교적 깨끗한 옷만 기부받는다. 자기가 사랑하고 아끼는 공간에 대한 애정 표현인 셈이다. 이곳의 수입은 어려운 이웃을 돕는 데 쓰인다.

고기교회에는 그동안 다양한 동아리가 필요에 따라 생겨나고 없어지곤 했다. 가야금, 기타, 사물놀이, 요가, 등산, 강령탈춤을 비롯해서 인형 극단, 천연 염색, 목공반 등 종류도 많았다. 하지만 근래 많은 교회에서 여는 문화 교실과는 근본적으로 다르다. 고기교회 동아리는 강사의 재능 기부로 운영된다. 자신이 가진 재능을 지역 주민들과 함께 나누고자 모이는 것이다. 참여하는 사람도 교인보다는 마을 사람들이 더 많다.

일례로 목공방 '래'는 안홍택 목사가 직접 가르친다. 전통적인 장부 맞춤 방식의 목공 기술을 전수한다. 재료는 원목을 쓰는데 참가자는 재료비만 부담하면 된다. 교육비는 전액 무료다. 매일 오전 7시부터 밤 10시까지 공방을 개방하고, 공방은 참가자들의 회비로 운영한다.

2015년 5월부터는 새로운 사역을 시작했다. '공공의 장터, 공장'이라는 이름으로 한 달에 한 번씩 교회 마당에 장터를 연다. 손으로 만든 것이라면 무엇이든 팔 수 있다. 빵, 쿠키, 천연 반찬 등 음식 종류부터 손으로 직접 만든 향초, 가죽 액세서리, 비즈 공예품까지 다양한 물건을 만날 수 있다. 이 장터는 5월부터 11월까지 매월 첫 번째 토요일에 고기교회 마당에서 열리고 있다. 장터에는 고기교회 교인만 참여할 수 있는 것이 아니다. '자급자족, 마을 경제 만들기 프로젝트'라는 표어에 동의하는 지역 주민이면 누구나 참여할 수 있다.

## 교회는 지역 어린이들의 자연 놀이터

고기교회의 전체 부지 2,000평 중에 예배당(18평), 큰방(식당으로 사용, 20평), 밤토실도서관(40평), 작은 방(교회학교 모임 공간, 8평), 사무실(6평)을 제외한 나머지는 모두 자연이다.

예배당 뒤편 습지에서는 올챙이, 가재, 반딧불이, 도롱뇽 등을 만날 수 있다. 계절에 따라 왜가리와 청둥오리, 백로 등도 찾아온다. 교회는 이런 자연 공간을 어린이들에게 개방해서 마음껏 뛰어놀 수 있게 했다. 하나님의 창조 질서를 지역 아이들과 나누고 싶은 마음에서다.

그저 와서 즐기고 가는 것에서 끝나지 않는다. 교회는 3월부터 11월까지 매달 2번씩 예배당 뒤쪽 녹지에 '처음자리'라는 생태 교실을 연다. 강사는 농촌에서 나고 자란 권사님이다. 교회 습지에 서식하는 다양한 생물들을 설명하고 배우는 시간이다. 1회 진행할 때마다 지역 아이들 15명을 모집한다. 동네 어린이뿐만 아니라 부모들도 생태 교실을 손꼽아 기다린다.

어린이들은 도심에서 잘 볼 수 없는 자연을 접하면서 생태 환경의 소중함을 배운다. 작은 논을 만들어 모심기부터 시작해 추수까지 쌀농사를 체험하기도 한다. 겨울에는 얼음 썰매장을 운영하는데, 재래식 나무 썰매를 직접 만드는 시간도 있다.

주변에선 예배당을 크게 증축하거나 남은 땅을 개발하라고 하지만 안 목사는 자연 그대로 보존하는 것에 큰 의미를 둔다. 그는 25년 전부터 지금까지, 언제나 교회 마당에 들어서면 마음이 평안해진다고 했다.

"하나님의 창조 질서를 느낄 수 있는 곳이에요. 자연을 통해 하나님의 손길을 느낄 수 있죠. 그래서 일부러 하나도 바꾸지 않았어요. 바꾸지 않았다기보다는 지켰다는 말이 맞습니다. 교회 마당에 있는 돌담이나 우물은 제가 처음 왔을 때 모습 그대로입니다. 개발의 논리에 얽매이지 않고 지켜야 한다고 생각했습니다.

교회 마당에 앉아 있으면 사계절이 변화하는 과정을 볼 수 있는데요, 작은 일이지만 거기에서도 창조 질서를 느낄 수 있습니다. 여름에는 녹색 나뭇잎이 무성하다가도 찬바람이 불면 하나씩 떨어집니다. 교회도 마찬가지인 것 같아요. 끊임없이 녹

색의 풍성함만 동경하며 성장만 바라면 오히려 열매가 없는 거죠. 성장을 향한 집착이 바뀌지 않으면 절대 열매를 얻을 수 없습니다. 그런데 한국교회 어디를 보더라도 다 성장을 향한 열망만 있습니다."

## 인근 주민과의 호흡, 섬김 사역의 밑거름

고기교회는 약 80여 명의 교인이 다니고 있다. 그중 지역 주민이 45%, 외지에서 온 사람이 55%다. 교회가 바람직한 사역 모델로 알려지다 보니, 고기교회를 찾는 사람이 조금씩 늘어나는 추세다. 그러나 평일에 교회를 찾는 이들은 대부분 지역 주민이다. 주민들은 교회를 마치 사랑방처럼 드나든다.

교회가 고기동에 자리 잡은 처음부터 그랬던 건 아니다. 현재는 마을 위쪽으로 도로가 생겨서 지역과 왕래가 쉬워졌지만, 25년 전만 하더라도 그렇지 않았다. 외부로 나가는 길은 단 하나였고, 하루 동안 다니는 버스는 세 대뿐이었다. 지리적으로 고립된 이미지 때문인지, 1990년 안홍택 목사가 고기교회에 청빙받았을 때는 교회와 지역 주민 사이에 별다른 소통이 없었다.

고기교회와 지역 주민의 관계는 1995년 서울남부저유

소 건설을 기점으로 변했다. 정부는 주민들의 의사를 무시한 채 성남시에 서울남부저유소를 건설하기 시작했다. 정부는 국책 사업이라는 이유로 지역사회의 반대에도 불구하고 보전 녹지가 있던 곳 30만 평에 송유관을 설치하는 대규모 공사를 강행했다. 성남 지역 시민 단체와 주민들이 반대 운동에 나섰는데, 6개월 정도 후에 안홍택 목사도 동참했다.

저유소 건설 반대 운동은 2년 반 동안 이어졌다. 레미콘이 마을에 들어서면 안 목사가 동네 할머니들과 같이 도로를 막아섰다. 새벽 예배를 마치면 승용차를 끌고 건설 현장에 들어가 덤프트럭을 막는 일도 다반사였다. 레미콘을 막기 위해 한겨울에 할머니들과 함께 차 밑으로 기어 들어가기도 했다. 그럴 때면 인부들이 호스로 물을 뿌려 온 몸에 찬물을 뒤집어쓰고 덜덜 떨어야 했다.

안 목사가 자칫 과격한 투사처럼 보일 수도 있다. 그러나 그가 처음부터 저유소 건설 반대 운동에 뛰어든 것은 아니었다. 싸움에 지친 주민들의 마음을 하나로 묶어 주는 역할을 하고 싶어서 함께하기 시작했다. 그런데 어느새 운동의 선두에 안 목사가 있게 됐다.

사실 안홍택 목사와 주민들의 투쟁은 성공했다고 보기는 어렵다. 대립이 길어지면서 마을 사람들이 공사를 찬성하는 쪽과 반대하는 쪽으로 갈라졌기 때문이다. 그래도 저유소 건설 자체를 막지는 못했지만, 설계도에서 미흡했던 안전장치를 보완하는 데 합의했다. 다행히 기름이 새거나 냄새가 나는 문제는 발생하지 않았다.

오랜 투쟁 후, 동고동락한 안 목사를 보는 주민들의 시선이 달라졌다. 시간이 지나자 동네 사람들이 교회와 안 목사의 진정성을 인정했다. 그때부터 교회와 지역사회 사이에 신뢰가 쌓이기 시작했다. 이제 이웃 주민들은 지역 현안을 상의하기 위해 안 목사를 찾는다. 한 번 쌓인 신뢰가 지역 섬김 사역을 펼치는 데 소중한 마중물이 된 것이다.

신뢰가 쌓이는 데까지는 오랜 시간이 걸리지만, 그렇게 쌓인 신뢰는 쉽게 허물어지지 않는다. 고기교회는 앞으로도 그렇게 지역과 함께 호흡하며 소통할 것이다.

● 취재/글 _이은혜 기자

# 5

이웃과 함께하는
도시 교회 2

# An Urban Church creating a Community with Neighbors

# '쿠폰북'으로 젊어진 반백 년의 전통 교회

상도제일교회

An Urban Church creating
a Community with Neighbors

    상도제일교회(조성민 목사)는 서울시 동작구 상도동에 있다. 상도동은 서울치고는 조용한 동네다. 큰 쇼핑몰이나 마트도 없고, 높은 아파트도 별로 없다. 몇 해 전 고가의 새 아파트 단지가 들어서기는 했으나, 대부분 빨간 벽돌로 지은 다세대 주택과 연립이다. 1960년대부터 변화의 흔적을 거의 찾아볼 수 없는 달동네도 있다. 상도제일교회는 상도동에서 55년을 살았다. 몇 번 예배당을 옮기기는 했지만, 상도1동을 벗어나지 않았다. 옛 모습과 새 모습을 간직한 상도동에 뿌리내린, 전통 있는 교회다.

    지역의 모습을 반영하듯, 상도제일교회 예배당은 구형 건물과 신형 건물이 붙어 있다. 적갈색 벽돌로 지어진 옛 건물에 회색 대리석 새 건물이 이어져 있다. 그런데 옛 건물과 새 건물이 반 층 정도 차이가 나서, 처음 온 사람은 여기가 몇 층인지 두리번거리기 일쑤다. 헷갈리기는 하나 밉지는 않다. 외려 지역의 특징이 교회 건물에 스며든 것 같아 재미가 있다.

상도제일교회는 2008년, 지금 시무하고 있는 조성민 목사를 청빙했다. 반백 년의 전통 교회가 30대 후반의 젊은 피를 수혈했다. 신구는 자연스럽게 조화를 이뤘다. 젊은 목회자는 전통을 무시하지 않았고, 교회와 함께 나이를 먹은 교인들도 목회자를 존중했다. 조성민 목사는 교회에 새로운 활력을 불어넣었다. 그는 상도제일교회가 지역에 깊게 뿌리내린 '지역 교회'라는 것을 잘 이해했다.

## 이웃의 행복이 곧 하나님의 영광

조성민 목사는 부임 후, 변하지 않는 교회 철학을 세우려 고심했다. 어느 날 마태복음 22장을 보다가 무릎을 쳤다. 한 율법사가 예수님께 가장 큰 계명이 무엇이냐고 물었다. 예수님은 하나님을 전심으로 사랑하는 것이 첫째 되는 계명이고, '둘째도 그와 같으니' 이웃을 네 몸처럼 사랑하라고 답하셨다. 둘째도 그와 같다는 말은, 하나님을 사랑하는 것과 이웃을 사랑하는 것 사이에 우위를 정할 수 없다는 뜻이었다. 조 목사는, 하나님 사랑은 이웃 사랑으로 드러나야 하고 이웃 사랑이 곧 하나님 사랑이라는 단순한 진리를 다시 한 번 깊이 깨달았다.

그렇게 해서 만들어진 상도제일교회의 목회 철학은 '하영이행'이다. '하나님의 영광을 위하여, 이웃의 행복을 위하여'의 앞 글자를 땄다. 하영이행이라는 말은 상도제일교회 예배당 어디서나 찾아볼 수 있다. 주보에도 빠지지 않는다. 예배 순서가 나온 면에는 '하나님의 영광을 위하여!'가, 인근 상점의 광고가 나온 면에는 '이웃의 행복을 위하여!'가 적혀 있다. 하도 하영이행 하영이행 하다 보니, 하나님께 영광 돌리는 일이 이웃을 즐겁게 하는 일과 다르지 않다는 것이 교인들의 의식에도 자연스럽게 뿌리내렸다.

사실 조성민 목사는 상도제일교회 담임목사로 부임하기 전까지 대전 새로남교회에서 13년간 부목사로 사역했다. 새로남교회는 정부 청사 근처라 교인들은 대부분 중산층이었고 학력도 비교적 높은 편이었다. 예부터 지역에 있던 교회가 아니라, 신도시가 들어설 때 세운 교회였다.

그러나 상도제일교회는 환경이 전혀 달랐다. 상도제일교회는 구도시에 있는 전통 교회였다. 교인들도 대부분 오래전부터 이 지역에 사는 사람이다. 장로들의 조언에서 이 지역이 어떤 곳인지 알 수 있었다. "목사님, 여기는 도시 속에 있는 시골입니다." 마치 고구마 줄기처럼, 교인 한 명

마다 다른 교인 30~40명이 줄줄이 엮여 있었다. 교인뿐 아니라 지역 주민과 상인들도 이 동네에서 오랫동안 살고 있다.

## 발로 뛰는 목사, 길에서 발견한 아이디어

조성민 목사는 정식으로 부임하기 전부터 지역 교회를 이해하려고 노력했다. 2008년 청빙이 확정되자, 아내와 함께 교회 인근 상점을 모두 돌아다녔다. 교회 인근에는 어떤 직종이든 규모가 큰 프랜차이즈보다는 소규모 자영업자가 많았다. 그렇게 발품을 팔면서 한 일은 대단한 게 아니었다. 상도제일교회에 오게 되었다는 소식을 알리고 인사하는 것. 그리고 어떤 교회가 되었으면 좋겠는지 묻는 것이었다. 상점 주인 중에 상도제일교회 교인은 별로 없었다. 교회에 다니는 사람도 많지 않았다.

그는 주인들의 말을 형식적으로 듣지 않았다. 그해 5월 24일 위임 예배를 드리면서 순서지 뒷면에 상점 주인 26명의 바람을 짧게 정리해 적어 놓았다. "부흥하는 교회 되세요", "행복한 목회 하세요" 등 상투적인 말도 있었지만, "소외된 사람들을 잘 보살펴 주세요", "지역사회를 위해 많이 기도하는 교회 되세요"라는 주문도 있었다. "지역 주민

들이 교회 주차장을 사용할 수 있도록 완전히 개방해 주세요", "교회가 종교적으로 너무 닫혀 있거나 독선적이어서는 안 된다고 생각합니다. 열린 교회, 열린 성도님들이 되기를 바랍니다" 등 교회가 좀 더 개방적이어야 한다는 충고도 있었다.

그저 선전용으로 상점 주인들의 말을 써놓은 건 아니었다. 조성민 목사는 즉시 주차장을 개방했다. 조 목사가 부임하기 전, 주민들은 교회 주차장이 텅텅 비는 평일에도 주차장을 개방하지 않는 것에 불만을 느끼고 있었다. 교회 소유이니 할 말은 없지만, '그래도 교회인데'라는 생각에 불만이 있었던 것이다. 조 목사는 오래 고민하지 않았다. 물론 주차장 개방을 반대하는 장로도 있었다. 아무리 평일이라지만 일반 사람들이 들어오면 당장 담배꽁초나 쓰레기가 많아지고 관리가 어려워질 것이라는 이유였다. 조 목사는 그런 부분까지도 감수해야 한다고 생각했기 때문에, 지역 주민이 행복해야 교회도 행복해질 수 있다고 교인들을 설득했다.

조 목사의 상점 방문은 부임 이벤트로 끝나지 않았다. 그는 계속 상점 주인들을 찾아가 이런저런 얘기를 주고받았다. 한번은 동네 슈퍼 주인이 "교회가 왜 물건을 다른 지역에 가서 사느냐"고 불만스럽게 얘기했다고 한다. 교회에서 차를 타고 조금 나가면 대형 마트가 있는데, 거기가 물건값은 조금 더 쌀지는 몰라도 다녀오는 비용과 이것저것 둘러보는 시간 등을 생각하면 오히려 지역 상점에서 사는 게 더 효율적이라는 말이었다. 조 목사는 그 말을 듣고 이렇게 생각했다. '그래 맞아. 저 사람의 말이 성령의 음성이야.' 그다음부터 조 목사는 교인들에게 물건 살 때 큰 마트에 가지 말고 꼭 집 주변 상점을 이용하라고 얘기했다. 교회도 지역 상점을 이용한다.

상점 주인들과의 대화를 교인들과 나누지 못해 아쉬워하던 찰나, 조성민 목사는 지역 상점들의 이야기를 주보에 담기로 마음먹었다. 상도제일교회 주보는 앞뒤 합쳐서 총 8면인데, 그전에는 담임목사의 설교나 칼럼이 들어갔다. 조 목사는 담임목사에게 할애했던 난을 과감히 없애고, 매주 주보 한 면에 인근 상점 소개를 싣자고 제안했다. 하나님께 십일조를 하듯이, 지역 주민들을 위해 주보 한 면을 쓰자고 장로들을 설득했다.

이후 조 목사는 상점 주인을 만나 '인터뷰'하기 시작했다. 한두 시간 동안 여러 가지를 묻고 답했다. 대화를 정리해서 주보에 들어갈 상점 소개말을 직접 썼다. 주인에게는 딱 한 가지만 요구했는데, 주보를 가지고 그 상점을 방문하면 혜택을 달라는 것이었다. 주인들은 흔쾌히 수락했다. 상도제일교회에서 찍는 주보는 매주 1,000부가 넘는다. 상점으로서는 매주 1,000명에게 무료로 광고하는 셈이었다. 무료 광고에 비한다면 자기 물건 10%, 20%, 3000원, 5000원 할인은 주인들에게 그리 어려운 일이 아니었다.

그렇게 벌써 7년째 주보 한 면을 지역 상점 광고에 쓰고 있다. 한 상점마다 한 달 동안 광고가 나간다. 상도제일교회 홈페이지 '이행' 게시판에는 상도제일교회 주변 상점 201개에 대한 소개가 정리되어 있다. 조 목사는 요즘에도 상점 주인들과 인터뷰한다.

"한두 시간 대화하면서 다 듣게 돼요. 이분들이 교회를 어떻게 생각하는지, 왜 신앙을 가졌다가 버리게 됐는지, 가정사는 어떤지 등등. 그렇게 말문이 트이면서 마음이 통하게 됩니다. 그러면 그분들이 교회에 무엇을 바라는지 알 수 있어요. 주차장을 개방한 것이나, 주보에 상점 광고를 실은 것이나 다 상점 주인들과 얘기하면서 시작된 거죠."

어느 날 새벽 기도를 하다가 조성민 목사의 머릿속에 매주 주보에 나오는 광고와 혜택을 한곳에 모으자는 아이디어가 떠올랐다.

### '쿠폰북'으로 전도한다?!

상도제일교회가 자랑하는 '쿠폰북'은 그렇게 탄생했다. 교회는 2012년 10월, '상도동 주민을 위한 쿠폰북'을 발행했다. 교회 인근 상점의 할인 혜택을 손바닥만 한 길이의 작은 책에 담은 것이다. 교회에서 만든 쿠폰북이라고 우습게 보지 마시라. 여기에는 음식점과 카페는 물론 병원, 주유소, 안경원, 학원, 은행, 문구점, 미용실, 사진관 등 34개 업체가 참여했다. 혜택도 뛰어나다. 중앙대학교병원 특진료 30% 할인, 우리은행 환전 90% 할인, 동작주유소 리터당 70원 할인, 아이월드 안경원 30% 할인……. 페이지를 넘길수록 '헉' 소리가 난다. 다른 건 몰라도 저 정도 환전 우대나 주유소 할인이 얼마나 대단한 것인지 알 만한 사람은 다 안다.

디자인도 전문 업체에 맡겼다. 쿠폰북을 작은 크기로 만든 것도 '여성들의 파우치에 들어갈 수 있는 크기'를 고려한 전략이다. 조성민 목사의 말마따나 백화점 쿠폰북보다 예쁘고 알차다.

교회는 이 쿠폰북을 4만 부 찍어 노방전도에 사용했다. 쿠폰북 사이사이에는 상도제일교회 소개가 들어가 있다. 과하지는 않다. 34개 업체 소개와 쿠폰 중 네 쪽만 교회 소개다. 담임목사 이름도 나오지 않는다. 대신 각 페이지 뒷면에는 조성민 목사의 설교 내용 중에 좋은 구절이 들어갔다. 기독교적인 용어가 쓰인 것도 있고 그냥 격언 정도의 문장도 있다.

쿠폰북을 처음 받아 본 사람들의 반응은 한 마디로 '대

박'이다. 요즘 길거리에서 나눠 주는 교회 전도지는 쓰레기통으로 직행하기 일쑤다. 어떻게든 버리지 않게 하려고 교회들이 머리를 굴리지만, 참신한 건 별로 없다. 그나마 실용적인 물휴지나 포스트잇은 버리는 경우가 덜하다. 그러나 상도제일교회 쿠폰북은 절대 휴지통에 들어가지 않는다. 그냥 전도지인 줄 알고 차갑게 무시했던 사람이 되돌아와 쿠폰북을 달라고 한 적도 있다. 전도하는 교인들도 괜히 어깨가 펴진다.

교회는 탄력을 받아 이듬해 5월, '어린이·청소년만을 위한 쿠폰북'을 발행했다. 이건 특별히 더 심혈을 기울였다. 담임목사의 격언 따위(?)는 과감하게 뺐다. 여기에는 초·중·고등학생들이 좋아할 만한 업체 29개가 참여했다. 어린이 의류, 실내 놀이터, 신발, 떡볶이 가게, 피아노 학원 등이 있다. 기자가 정말 놀란 건 한 안경원의 혜택이 '써클렌즈 1+1'인 것이었다. '아니, 여학생들이 써클렌즈 좋아하는 걸 어떻게 알았지?!' 상도제일교회는 이 쿠폰북도 4만 부를 찍었다. 교회 주변 초·중·고등학생들이 2만 2000명 정도 되는데, 그 아이들에게 적어도 하나씩은 나눠 주자는 생각에서였다.

아무리 참신하다 해도 이걸로 전도가 될까? 이 정도면 돈도 꽤 많이 들고 발품도 많이 팔았을 텐데, 그만큼 효과가 있어야 하지 않을까? 그러나 상도제일교회는 '쿠폰북을 줬으니 반드시 교회에 오겠지'라고 생각하지 않는다. 그냥 교회가 주민들에게 '좋은 이미지'를 한 번 주었을 뿐이라며 조급하게 생각하지 않는다.

"딱히 쿠폰북 때문에 오는 건 아니겠죠. 교회 다니지 않는 사람이 교회에 처음 올 때는 여러 가지 요인이 복합적으로 작용한 겁니다. 그래서 교회가 좋은 이미지를 주는 게 아주 중요해요. 요즘 교회 이미지가 많이 안 좋잖아요. 여기에서 올라가기가 힘들어요. 저는 우리 교회의 사역이 인프라를 구축하는 거라고 봐요."

## 교회 안 다녀도 들어오세요

상도제일교회는 지역 상점과 연계하는 일 외에도 기본적인 봉사와 구제 사역을 감당하고 있다. 매달 첫째·셋째 수요일 아침 조성민 목사와 부교역자 8명이 함께 상도1동 주민센터에서 지정하는 지역을 청소한다. 작년 12월 30일에는 '주민 자율 청소 우수 참여 단체'라는 이름으로 서울시에서 상도 받았다. 매 주일 오후 1시에는 교인들이 교회 인근 아파트 단지를 청소한다. 2012년 아파트 단지에 입주가 시작되었을 때는 '상도제일콜센터'를 만들기도 했다. 못질, 전구 교체 등 간단하지만 까다로운 일을 접수해 교인들이 해결해 준 것이다.

상도제일교회가 중요하게 여기는 일 하나가 교회에 다니지 않는 주민들도 쉽게 교회에 드나들 수 있게 하는 것이다. 그래서 작년부터 '상도제일문화원'을 열었다. 아이들을 위한 영어 교실, 성품 교실과 노인들을 대상으로 문화 교실을 운영한다. 교인만을 위한 게 아니어서 지역 주민이면 누구나 들을 수 있다. 수강료도 시중보다 좀 더 저렴하다. 문화 교실 강좌는 색소폰, 기타, 하모니카, 드럼 등 악기 연주부터 붓글씨, 풍선 아트, 뜨개질, 생활 영어, 중국어까지 종류도 다양하다. 처음에는 신청자가 적어 고민했지만, 이제는 지역에 어느 정도 알려져서 교인보다 외부인이 더 많아졌다. 색소폰 강의에는 승복을 입고 참석하는 스님도 있다.

물론 교회가 노력한다 해도 비기독교인이 교회에 드나드는 게 흔한 광경은 아니다. 그러나 상도제일교회는 교회 문턱을 낮추는 방법을 계속 고민한다. '지역 교회'는 신자든 비신자든 지역 주민들과 함께해야 한다고 생각하기 때문이다.

## 봉사와 전도, 아슬아슬 '줄타기'

교회가 열심히 봉사해도 자칫 오해를 불러일으킬 수 있다. 쿠폰북을 만들어 나누고, 동네를 청소하고, 문화 교실을 여는 등 좋은 일을 많이 하지만, 결국 전도·포교가 목적이지 않느냐는 것이다. 지금 한국 사회는 교회를 따가운 시선으로 바라본다. 조성민 목사는 이런 부분을 굳이 에둘러 표현하지 않았다.

"전도할 생각이 없다면 거짓말이죠. 주민들을 섬기면서 상도제일교회의 이미지 제고를 꾀하는 것도 맞고요. 하지만 우리가 지역을 섬기는 게 무슨 사기 치는 건 아니잖아요. 진심으로 봉사하고 또 진심으로 주민들이 행복해지기를 원하기 때문에 교회로 인도하는 거죠. 지역사회를 위한 봉사와 전도, 외줄타기라고 생각해요. 항상 아슬아슬하지만, 떨어지지 않는다는 확신이 있어요."

지역사회에 어떻게 기여할까 언제나 고민하는 상도제일교회는 주민들의 영적인 부분을 위해서도 기도한다. 실제로 노방전도도 열심히 한다. 그러나 반드시 상도제일교회에 등록하라는 것은 아니다. 상도제일교회는 금요 철야 기도회 때마다 상도동 일대에 있는 교회 이름을 하나하나 부르며 기도한다. '우리 교회'뿐만 아니라 지역에 있는 교회도 역할을 잘 감당하기를 바라는 마음에서다.

지역 주민들도 상도제일교회를 포교에만 집착하는 교회로 보는 건 아니다. 일단 인근 상점들은 교회의 관심에

고마워한다. 쿠폰북이나 상도제일교회 주보에 소개된 업체들은 할인 쿠폰을 싣는 것 외에 어떠한 비용도 지불하지 않기 때문이다. 주 고객인 지역 주민들에게 교회가 나서서 무료로 광고해 주는 셈이니 이보다 좋을 수 있을까. 수익

이 크게 늘어나는 걸 기대하는 건 아니다. 그러나 음식이 아무리 맛있어도 일단 한번 와서 먹게 하는 게 어려운 법이다.

교회에 다니지 않는 주민들도 좋아한다. 교인들이 전도

하려고 집 문을 두드릴 때는 살짝 불쾌해하기도 하지만, 이런 사람들도 쿠폰북은 받아 둔다. 상도제일교회에 새로 등록한 교인 중에는 그동안 교회에 나가지 않았지만 쿠폰북은 사용해 봤다는 사람도 꽤 있었다. 교회 좋고, 주민 좋고, 상점 좋은 일석삼조다.

## '정답' 아니어도 '대안' 되고 싶어

조성민 목사는 앞으로의 사역 방향을 두 가지로 정했다. '다음 세대'와 '실버 세대'. 다음 세대는 점점 줄고 실버 세대는 점점 늘고 있다. 조 목사는 쿠폰북 3탄으로 청년을 위한 쿠폰북을 구상하고 있다.

예배당 안에 '실버 카페'도 만들 생각이다. 상도동에는 노인들이 많은데, 주변에 쉴 수 있는 공간은 많지 않다. 조 목사는 실버 카페에 '흡연실'을 둘 계획이다. 너무 파격적이지 않느냐는 기자의 말에 그는 이렇게 대답했다. "그거 안 만들면 교회에 다니지 않는 어르신들은 안 오세요. 그분들을 위해 만드는 건데……. 교회가 담배 피우는 걸 권할 수는 없지만, 어르신들이 맘 편하게 계실 수 있는 공간을 만들고 싶어요."

사실 조성민 목사는 상도제일교회가 이런저런 사역을

한다는 것을 내세우고 싶지 않다. 부임한 지 7년밖에 되지 않았는데 뭔가 대단한 걸 하는 것처럼 보이기가 부담스러웠기 때문이다. 그가 〈뉴스앤조이〉의 취재를 수락한 건 한 가지 이유에서였다.

"교인 수천수만의 대형 교회보다 상도제일교회처럼 지역에 뿌리박은 전통 교회가 아마 전국에 더 많을 겁니다. 한국교회가 전체적으로 침체된 시기에 무엇이라도 하나 도움이 됐으면 좋겠어요. '정답'은 아니어도 '대안1'이라도 되면 좋겠습니다."

● 취재/글 _구권효 기자

# 6

이웃과 함께하는
도시 교회 2

# An Urban Church creating a Community with Neighbors

# 가정이 무너진 이들에게 '가족'이 되어 준 교회

선한목자교회

An Urban Church creating a Community with Neighbors

1호선 부천역, 역부터 거리까지 오가는 사람들로 떠들썩하다. 술집과 음식점이 현란하게 빛나는, 부천 시내 최대 번화가다. 하지만 이 얘기는 부천역 북부에만 해당된다. 시끄러운 북부를 등지고 부천역 남부로 나오면 딴 동네인 듯 조용하다. 시장을 지나 조금 걷다 보면 조금 전까지 시끄러웠던 분위기는 온데간데없고 한적한 주택가가 나타난다. 몇 분에 한 대씩 지나가는 전철 소리 외에는 시끄러울 이유가 없는 동네다.

부천 선한목자교회(김명현 목사)는 이 주택가에 자리 잡고 있다. 말이 좋아 교회지 외관은 그냥 주택 건물이다. 십자가도, 교회임을 알아볼 수 있는 커다란 간판도 없다. 그래서 처음 오는 사람은 찾기가 어렵다.

교인 스무 명 남짓으로 이루어진 이 교회가 번듯한 건물 대신 주택에 교회 간판을 붙인 데는 다 이유가 있다. 이곳이 집을 나와 방황하는 아이들과 장애인들의 보금자리인 까닭이다.

## <u>아이들과 함께 살려고 의사 꿈 버린 목사</u>

김 목사는 원래 중앙대 의대를 다니던 의사 지망생이었다. 그런데 대학생 시절 야학에서 만난 구로 공단의 소녀들이 그의 인생을 바꾸었다. 학교 대신 일터에 뛰어든 아이들의 얼굴이, 가난이 죄라고 자책할 수밖에 없는 그들의 열악한 상황이 김 목사 눈에 아른거렸다. '의사로서 내가 이 불행한 아이들에게 무엇을 해 줄 수 있을까' 고민했지만, 아무리 생각해도 답을 찾을 수 없었다. 결국 김 목사는 의대를 그만두고 신학교에 입학했다.

김명현 목사는 신학교를 졸업한 후, 부천 춘의동 임대 아파트 지역에서 목회를 시작했다. 첫 목회지에서 자신이 꿈꿔 온 대로 청소년들을 만났다. 임대 아파트 지역이라 가정환경이 어려운 아이가 많았다. 매주 40~50명의 아이들을 만나 축구도 하고 이야기도 나누며 시간을 함께 보냈다. 그렇게 사는 게 지역사회를 위하는 길이라고 생각했다. 하지만 교회가 원하는 건 달랐다. 교회는 전도를 원했다. 기존 교회와 자신의 목회 철학 사이에서 충돌을 겪은 김 목사는 결국 교회를 떠나게 됐다.

현실과 이상의 괴리 속에 갈등을 겪던 김 목사는 아내 이정아 씨와 함께 미국으로 건너갔다. 그리고 거기서 앞으로 해야 할 사역의 방향을 찾았다. 김 목사 부부가 간 곳은 미국 세이비어교회(The Church of the Saviour)였다. 세이비어교회는 워싱턴 D.C. 인근의 슬럼가에 있는 교회로, 서번트 리더십(Servant leadership)이라는 입교 과정을 거쳐 철저히 훈련받은 평신도들이 지역의 마약 중독자, 노숙자, 빈민, 청소년 등을 섬기는 일을 한다. 교인 수도 150명을 넘기지 않고 철저하게 작은 공동체를 지향한다.

김 목사 부부는 미국에서 세이비어교회의 이 사역을 직접 체험했다. 아내 이정아 씨도 세이비어교회의 서번트리더십학교(The Servant Leadership School) 훈련 과정 중 하나를 이수했다. 김 목사 부부는 경험한 바를 토대로 한국에 새로운 형태의 목회를 시작하고자 2003년 부천 송내동에 교회를 개척했다. 그렇게 시작된 게 지금의 선한목자교회다.

# 부천 '거리 밖 청소년'들의 아지트, '청개구리 밥차'

매주 화요일과 목요일, 술집과 모텔이 즐비한 부천역 상상마당 광장에는 '청개구리 밥차' 텐트가 펼쳐진다. 이 밥차는 선한목자교회가 부천의 '거리 밖 청소년'(김 목사는 '가출 청소년'이라는 표현 대신 거리 밖 청소년이라는 표현을 쓴다)들을 위해 하는 사역이다. 정확하게는 선한목자교회에서 청소년 사역을 전담하기 위해 부설한 '물푸레나무'의 이정아 대표가 이끄는 사역이다. 밥차가 열리는 매주 화요일과 목요일이면 청소년 30~50명이 이곳을 찾는다. 가출 4년 차, 성매매 경험자, 강간 미수자 등 별의별 아이들이 다 모인다. 부천뿐만 아니라 전국의 많은 가출 청소년이 이 텐트를 다녀갔다.

"아, XX 짜증 나!"

"쌤, 나 요새 OO 걸고 하루에 한 개만 피워요."

"오늘 ○○이는 경찰서에 조사받으러 가느라 밥 먹으러 못 왔어요."

10대 아이들의 욕설 섞인 소리가 부천역 앞 광장에 설치된 텐트 안에서 들려온다. 자세히 들어 보면 섬뜩한 내용까지 서슴지 않고 주고받는다. 예사롭지 않은 분위기 속

에 잠시 후 전자 담배를 목에 건 여자아이가 나타났다. 몇몇 아이들이 반갑게 친구를 반기더니 전자 담배를 시연(?)하러 몰려온다. 자원 활동가(철저하게 훈련받은 자원봉사자들을 이렇게 부른다)들은 이런 광경이 낯설지 않다. 욕이 절반 이상 섞인 아이들의 말도 웃으면서 받아 준다. 아이들도 자원 활동가들이 낯익은 듯 경계하지 않는다. 무섭지만 아직 천진한 아이들은 '선생님'들 앞에 온갖 이야기를 다 털어놓는다.

청개구리 밥차는 청소년들에게 다가가려고 일부러 시

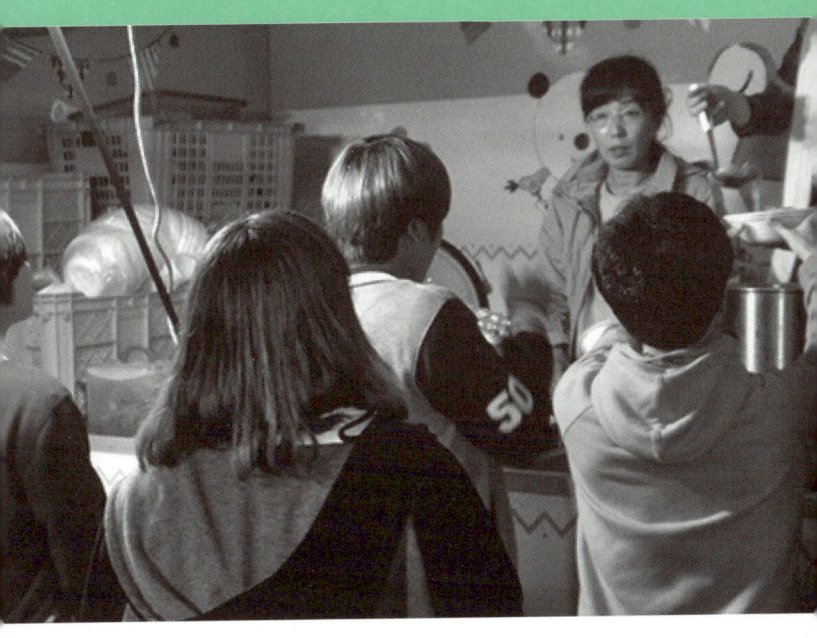

작한 사역이다. 밥차를 매개로 아이들과 만나는 아웃리치 사역의 1세대 격이다. 관심을 보이는 사람이 늘어나면서 여기저기 많이 알려졌다. 특히 교계보다 일반 언론에서 더 많은 관심을 보였다. "전국 각지의 아웃리치 단체가 부천에 (청개구리 밥차를 보러) 한번 와 볼 정도로 이슈가 됐었죠."

청개구리 밥차는 꾸준히 지역사회와 연계하는 사역을 하고 있다. 밥차는 부천희망재단에서 기증했고, 운영비는 부천시가 위탁 기관을 통해 지원한다. 하지만 활동은 순수하게 급여를 받지 않는 자원 활동가들이 중심이다. 급여를 받는 순간 교회 사역이 아닌 정부가 위탁한 사회복지사업이 되기 때문에 무보수로 일한다. 밥차 설치에서부터 뒷정리까지 모두 인근 지역 대학생이나 주민들이 자발적으로 참여한다. 초창기에는 이정아 대표 혼자 나오는 날이 대부분이었던 이 사역은, 이제 이 대표 없이도 잘 돌아간다.

## 아이들의 '대안 가정', '샬롬빌리지'

부천 지역의 가출 청소년은 200여 명이다. 이 중 상당수의 아이가 청개구리 밥차에 오는데, 대부분은 일정한 거처 없이 이곳저곳을 전전하며 살고 있다. 오늘은 이 친구 집, 내일은 저 친구 집으로 옮겨 살다 보니 그것도 꽤 스트레스다. 이런 아이들을 보자면 사회 통념상으로는 어디 '천사의집' 같은 곳에 보내야 한다고 생각하기 쉽지만, 김 목사는 이렇게 하면 안 된다고 단호하게 말했다. 그는 "UN은 아동 인권 선언을 통해 '아이들은 가정에서 자라야 한다'고 명시하고 있는데, 우리나라는 무슨 문제만 생기면 시설에 보내려 한다"고 지적했다.

10여 년 전부터 김명현 목사와 아내 이정아 대표는 길거리로 내몰린 아이들과 사회복지시설에 수용될 수밖에 없는 아이들을 품을 방법을 찾았다. 그러던 중 학대받는 남매를 시설에 각각 분리해서 수용하려는 아동 보호 기관에 맞서 이들 남매가 서로 의지하며 함께 살 수 있도록 목사관을 내주었다. 이른바 대안 가정을 시작한 것이다.

"보통 사회에서는 불량 청소년들이나 고아들, 집을 떠나야만 하는 아이들이 소위 '시설'로 가야 한다고 이야기합니다. 실제로도 매년 요보호 아동 5,000~6,000명 중에 50% 이상이 그렇게 사는 게 현실이에요. 수용되듯 끌려가 사회복지시설에서 집단생활을 하게 돼요."

김 목사는 평신도 서번트 리더 정봉임 씨와 함께 '샬롬빌리지'를 만들었다. 현재 샬롬빌리지에는 장애가 있거나 원가정의 회복이 어려운 아이들 3명이 정 씨와 가정을 이루고 있으며, 또 다른 평신도가 두 명의 아이들과 가정을 이루어 살고 있다. 이들은 모두 독립 공간에서 생활한다. 그리고 3명은 성년이 되어 자립을 준비하는 독립 가구를 이루고 있다.

정봉임 씨를 만난 데도 특별한 사연이 있다. 그는 원래 아동 사회복지시설에서 일하던 이였다. 그런데 그곳에는 친아버지에게서 몹시 학대받는 한 남매가 있었다. 일반적으로 감당할 수 있는 수준이 아니었다. 발로 밟고, 칼로 위협하기까지 했다. 보다 못한 김 목사 부부가 그 아이들을 구출하고, 아이들 아버지는 교도소에 보냈다. 그 과정에서 정봉임 씨를 알게 됐다. 김 목사 부부가 하는 사역의 진정성을 알게 된 정 씨는 서번트 리더가 되어 선한목자교회 사역을 함께하고 있다.

## 지적장애인들과 함께 '함박공동체'

대안 가정 사역은 청소년뿐만 아니라 장애인 대상으로도 이루어진다. 정확하게는 자립·자활 능력이 없는 장애인들과 함께 산다. 평신도 서번트 리더가 장애인들과 함께 가정을 이루어 사는 것이 함박공동체다. '장애 아동들이 성인이 되면 어떻게 자립할 수 있을까, 자립하려면 어떤 틀이 필요할까' 하는 고민에서 나온 공동체다. 일반 아이들은 성인이 되면 독립할 수 있는 데 비해 이 아이들은 독립하기 어려울 정도로 지적장애가 심한 경우도 있기 때문이다. 함박공동체에는 현재 고등학생 한 명과 성인 한 명이 있다. 김 목사는 이들이 어떻게 성장해 나갈지, 독립할 수 있을지 지켜보고 있다.

함박공동체는 자활의 가능성도 엿보고 있다. 얼마 전부

터는 지역 공원에서 한 달에 한 번씩 카페를 열고 있다. 지적장애인들이 직접 커피를 내리는 것이다. 장애를 가진 이들도 있는 모습 그대로 이웃과 적극적으로 소통할 수 있어야 한다는 믿음으로 일을 시작했는데, 의외로 반응이 괜찮다. 야외 카페 반응도 괜찮아서 '우리도 할 수 있다'는 자신감을 조금씩 얻고 있다.

## 가정 회복이 필요한 장애 아동을 돕는 '쉼터'

'쉼터'는 장애 아동을 돌보는 엄마들의 수고를 단 몇 시간만이라도 덜어 주자는 데서 시작되었다. 중증 장애 아동을 돌보느라 한시도 눈을 뗄 수 없는 엄마들 대신 토요일 오후에 아이들을 데리고 등산 활동을 한 것이다.

이 일은 가정의 돌봄이 부족한 장애 아동들을 매일 방과 후에 돌보는 일로 확대되었다. 선천적인 장애뿐만 아니라, 가정의 학대나 방임으로 정신적 장애를 갖게 된 아이들도 있다. 특히 이런 경우에는 의학적인 치료와 더불어 가정의 회복이 매우 중요한데, 우리 사회에 있는 복지 제도로는 지속적이고 장기적인 개입이 어렵다. 쉼터는 이런 장애 아동의 가정 회복을 돕거나, 가정의 역할을 대신해 준다. 가정의 회복을 위해 10년 넘게 지속적으로 개입하고 있는 경우도 있다.

## 안으로는 공동체 경건 훈련, 밖으로는 지역 섬김

이 다양한 사역들은 담임목사 혼자 힘으로는, 또 담임목사가 이끄는 것만으로는 할 수 없다. 그래서 김 목사는 '서번트 리더'들의 역할이 중요하다고 말한다. 서번트 리더들은 기존 교회의 구역장이나 셀 리더 개념과는 조금 다르다. 이들의 삶은 하나의 공동체로 묶인다. 즉, 자기 경건과 봉사 활동이 결합된 수도적 영성 생활공동체다. 서번트 리더들은 각자 맡은 자리에서 오전 7시, 정오, 밤 10시 세 번의 관상기도 시간을 꼭 지킨다.

재정도 공유한다. 5명의 서번트 리더가 교회의 재정과 각자의 수입을 거의 동등한 수준으로 나누고 있다. 돌보는 아이들이 학교에 가 있는 동안, 서번트 리더들 중 일부는 일을 해서 돈을 벌기도 한다.

각각의 공동체를 세우고 책임지는 서번트 리더들은 각자 맡은 사역으로 선한목자교회를 이룬다. 현재 김 목사 부부를 포함해 서번트 리더는 총 5명이다.

　가출 청소년들과 함께 사는 일, 장애인들과 더불어 사는 일은 생각보다 쉽지 않다. 집안에서 함께 살며 벌어지는 문제는 둘째치더라도 당장 이웃 주민들에게서 오는 항의를 피할 수 없었다. 아이들을 이용해서 정부 보조금이나 타 낸다고 의심의 눈초리를 보내는 사람도 있고, 자기 아이가 나쁜 애들에게 물들까 걱정하는 부모도, 그냥 기분이 나쁘다는 사람도 있었다. 하긴 아이들 놀던 버릇은 어디 안 간다. 술 먹고 담배 피우고, 동네에서 말썽을 일으키니 주민들이 그렇게 볼 법도 하다.

　"어떤 주민은 술을 먹고 한밤중에 찾아왔어요. '내가 구청에 근무해 봐서 잘 아는데, 이렇게 살면 안 된다. 불쌍한 애들이용해서 나라에서 돈 받아 먹고살려고 하지 마라' 이러는 거예요. 또 한 번은 데리고 사는 애들이 마을에서 여러 문제를 일으키는 바람에 동네 사람들이 크게 모이기도 했어요."

동네 주민들의 항의가 만만치 않았다. 그러나 김 목사 부부의 진심과 교인들의 헌신은 느리지만 조금씩 퍼져 나갔다. 주민들도 김 목사가 아무런 대가 없이 사역한다는 것을 알자 더는 문제를 제기하지 않았다. 오히려 처음에는 교회를 고깝게 보던 지역 주민들이 조금씩 교회 사역에 관심을 보이면서 접촉점이 넓어졌다. 한 달에 한 번씩 함박공동체에서 여는 카페에 찾아오는 지역 주민들도 있다. 김 목사는 교회의 진정한 모습을 제대로 찾는 데서부터 시작하면 교회가 지역사회와 함께 여러 사역을 감당할 수 있을 거라고 생각한다.

선한목자교회가 이끄는 사역이 많으니, 자연스럽게 전도가 잘 되는 것으로 알고 비결을 궁금해하는 사람이 많다. 대안 가정 사역을 하면서 데리고 사는 아이가 많으니 주일에 전부 다 교회 데리고 나갈 거라고 생각하는 이도 있다. 어떤 목사는 '청개구리 밥차'를 둘러보러 와서는 '이렇게 좋은 일 하시면서 왜 말씀도 전하지 않느냐'고 물어보기도 했다. 그러나 이정아 대표는 전도 목적으로 사역을 하는 건 아니라고 했다. 아이들에게 지금 당장 필요한 건

'복음'이 아니라 '관심'이라는 거다. 이 대표는 전도 목적의 사역이라고 오해를 많이 받았는지 상기된 표정으로 목소리를 높였다.

"그 아이들 천국 보내야 되니까 애들한테 교회 나오라고 하라고요? 교회 나와서 천국 갈 거면 우리나라는 이미 천국이게요? 교회가 얼마나 많은데요. 하지만 현실을 보세요. 이혼, 청소년 자살률 세계 1위. (천국이라는 게) 말이 안 되죠. 우리 사역은 설득하거나 교화하거나 전도하는 게 아니에요. 성매매를 하는 친구들이 있어요. 제가 걔들 보고 하지 말라면 그 아이들이 안 할까요?"

대신 이 대표는 아이들이 스스로 마음 문을 열 수 있도록 사랑을 주다 보면 언젠가 그 아이들이 그 사랑을 느낄 거라고 확신한다. 그는 가끔 아이들이 "우리한테 왜 이렇게 잘해 주세요?"라고 물을 때마다, 아이들이 변화될 수 있다는 일말의 가능성에 감사하며 하나님께 영광을 돌린다고 했다.

이정아 대표는 선한목자교회의 사역이 지향하는 것과 그 사역이 맺은 결실을 단적으로 드러내는 예를 들려줬다.

"지금 함께 사는 여자아이 중에는 자기 아빠한테 끔찍한 일을 겪은 애가 있어요. 초등학교 1학년 때부터 6학년까지 6년간이나요. 그 애를 우리가 데려와서 함께 살기 시작했어요. 그런데 그 아이에게 정신 질환이 생겼어요. 그런 끔찍한 일을 겪었는데 제정신일 거라고 생각하는 사람이 제정신이 아니죠. 그 아이를 살리려고 학교도 다 쫓아다녔고, 병원 다니면서 온갖 치료도 다 했어요. 하지만 그 아이와 3년을 함께 살면서, 밥 먹을 때 기도하라는 말도 절대 안 했고, 하나님이 어쩌고저쩌고 하는 얘기도 전혀 안 했어요.

그런데요, 그 친구가 작년에 저에게 고백했어요. '사모님, 저는 하나님을 믿지는 않아요. 하지만 사모님을 만나게 해 줘서 하나님께 감사해요. 사모님은 제 인생 최고의 선물이에요.' 그게 무슨 뜻이겠어요? 저를 통해서 하나님이 계시다는 걸 알게 됐다는 거잖아요. 기도 한 번 안 하고, 예배를 한 번도 드려본 적 없는 아이가요. 그 아이가 저더러 '저도 사모님처럼 살게요'라고 해요. 그러면 된 거 아닐까요?"

선한목자교회가 바라는 것은 결국 공동체의 회복이다. 김 목사는 '유한 책임'의 사회를 '무한 책임'의 사회로 이끄는 게 목표라고 했다. 공무원이나 사회복지사처럼 출퇴근 시간이 정해져 있고 대가를 받으며 일하는 게 아니라, 아무런 대가도 정해진 시간도 없이 부모의 마음, 예수의 마음으로 아이들을 책임지는 것이다. 그러기 위해서는 함께 사역을 감당할 서번트 리더가 더 필요하다. 현재도 평신도 3명이 서번트 리더가 되기 위해 인턴십 과정을 거치고 있다. 뜻을 같이하는 이들이 더 늘어나는 게 김 목사의 바람이다.

이정아 대표는 '청개구리 밥차'를 매일 운영하려고 계획하고 있다. 더 많은 아이들을 더 나은 환경에서 만나고 싶다는 이 대표의 바람, 더 많은 아이들과 함께 살고 싶다는 김 목사의 꿈, 그리고 선한목자교회 서번트 리더들의 꿈은 계속 진행 중이다.

● 취재/글 _최승현 기자

# 7
이웃과 함께하는
도시 교회 2

# An Urban Church creating a Community with Neighbors

# 울퉁불퉁한 세상
# 균등하게
# 만드는 교회

아름다운주님의교회

An Urban Church creating a Community with Neighbors

 

서울 강남구 수서동에 있는 아름다운주님의교회(김영석 목사)는 지역 아이들을 위해 무료로 방과 후 학습 프로그램을 운영한다. 현재 지역 내 초등학생과 중학생 100여 명이 학습 프로그램에 참여하고 있다. '무료' 교육이라고 하니 가정 형편이 어려운 아이들 위주로 수업을 하는 것 같지만, 꼭 그렇지는 않다. 부모의 경제 수준과 상관없이 아이에게 교육이 필요하다고 판단할 경우 방과 후 학습 프로그램에 참여할 수 있는 기회를 준다.

감리교신학대학교를 졸업한 김영석 목사는 5년간 중국에서 선교사로 사역했다. 한국에 돌아온 김 목사는 지난 2001년 청년 20여 명과 함께 교회를 개척했다. 기독교대한감리회가 운영하는 태화복지관 사무실을 빌려 예배를 드리다가 2010년 지금의 상가에 자리를 잡았다. 그리고 같은 해에 방과 후 학습 프로그램을 위해 비영리 교육 단체 '다림교육'을 설립했다. 아름다운주님의교회는 아파트 단지에 있는 상가 2층과 3층 일부를 임대해 평일에는 교육 공간으로, 일요일에는 예배당으로 사용한다.

20~40대 교인이 주를 이루는 아름다운주님의교회는 열린 공동체를 지향한다. 교회가 펼치는 사역에 교인 누구나 동참해서 의견을 낼 수 있다. 특히 목장 모임이 활성화돼 있다. 교인들은 주일예배를 마치면 곧장 집으로 가지 않고 함께 식사를 한다. 그런 다음 4~5명씩 모여 이날 설교에 대한 각자 생각과 지난 한 주간 있었던 일을 나눈다. 모임은 보통 3시간 이상 이어진다. 교인은 조금씩 늘고 있으며, 현재 등록 교인은 80명 정도다.

외부에 사역을 적극적으로 알리려는 일부 교회와 달리, 아름다운주님의교회는 오히려 잘 드러내려 하지 않는다. 방과 후 학습 프로그램은 '다림교육' 이름으로 하고 있고, 교회를 소개하는 간판이나 십자가도 없다. 김영석 목사는 교회 이름을 밝히지 않아도 지역 주민이 아름다운주님의교회에서 사역을 펼친다는 것을 안다고 말했다.

"교회 이름을 알리기보다는 '우리가 할 일만 잘하자'는 게 저와 교인들의 생각입니다. 교회 간판과 십자가요? 상가에 교회가 세 개나 있는데 굳이 세울 필요가 있을까요?"

실제로 지은 지 20년이 넘은 오래된 상가에서는 아름다운 주님의교회 이름이 들어간 간판을 볼 수가 없다.

## 치우침 없는 세상을 향한 첫 걸음, '다림교육'

다림교육의 '다림'은 두 가지 뜻을 품고 있다. 하나는 좌우로 치우치지 않는 다림줄의 추를 의미하고, 다른 하나는 울퉁불퉁한 것을 다림질하겠다는 뜻이다. 지역 아이들이 가정 형편과 상관없이 균등한 교육을 받을 수 있도록 돕자는 취지다.

처음부터 교육 사역을 펼치려고 했던 것은 아니다. 교회를 개척한 지 7년 정도 됐을 때였다. 어느 날 김영석 목사는 하루도 빠지지 않고 복지관을 찾는 초등학생들을 봤다. 학교를 마친 뒤 복지관에서 놀다가 집으로 돌아가는 것이었다. 김 목사는 학원에 가야 할 아이들이 복지관을 찾는 이유를 얼마 뒤에 알았다. 가정 형편이 어려워 학원에 다니지 못했던 것이다.

서울시 강남구 수서동에는 영구 임대 아파트 단지가 있는데, 거기에는 5,000세대가 살고 있다. 독거노인과 장애인을 비롯해 주로 형편이 어려운 사람들이 이곳에 거주한

다. 당장 먹고살기 바쁘다 보니 부모는 아이 교육 문제에 신경 쓸 여력이 없다.

교육부와 통계청이 공동으로 실시한 '2013년 사교육비·의식조사' 분석 결과에 따르면, 아이 한 명에게 들어가는 월평균 사교육비는 23만 9,000원이다. 임대 아파트에 사는 부모의 수입을 놓고 봤을 때, 매월 20여만 원을 자녀 교육비로 지출하는 것은 부담이 클 수밖에 없다. 김 목사는 가정 형편이 어려운 아이들은 양질의 교육을 받지 못하고 있으며 학교생활도 제대로 하지 못한다고 말했다.

"수서동 1만 4,000 가구 중에 5,000 가구가 임대 아파트 거주자입니다. 임대 아파트 거주자의 월수입은 120만 원 이하입니다. 사정이 이렇다 보니 이곳 아이들은 사교육을 받을 수가 없습니다. 문제는 사교육을 받지 않으면 공교육을 제대로 따라가기 어렵다는 겁니다. 어떤 아이는 초등학교 4학년인데도 구구단을 못 외웁니다. 이처럼 가난한 아이들은 점점 소외될 수밖에 없습니다."

김 목사와 교인들은 아이들을 위해 무슨 일을 해야 할지 고민했다. '돈이 없어서 학원에 못 가는 아이들을 대상으로 무료 교육을 하는 것은 어떨까', '임대 아파트가 아닌 일반 아파트에 거주하는 아이들도 같이 교육하면 위화감이 해소되지 않을까', '국·영·수 중 어떤 과목을 가르치면 좋을까' 꼬리에 꼬리를 무는 고민이 이어졌다. 머리로만 생각하지 않고 발로도 뛰었다. 청년들과 함께 2년간 수서동 일대를 돌며 주민들에게 필요한 게 무엇인지 조사했다.

방과 후 교육 프로그램을 진행하기에 앞서 김 목사와 교인들은 두 가지 원칙을 세웠다. 하나는 '돈'에 얽매이지 않는 것이고, 다른 하나는 하나님이 함께하신다는 '믿음'으로 사역에 임하자는 것이었다. 다림교육은 그렇게 시작했다.

다림교육은 '영어'를 가르치기로 했다. 뉴욕주립대학원을 졸업하고 미국 교사 자격증이 있는 김에스더 씨가 선봉에 섰다. 유명 학원에서 토익을 가르치던 김 씨는 담임목사의 요청으로 다림교육에 뛰어들었다. 현재 다림교육에는 5명의 전임 교사가 있다. 4명은 영어를 전담하고, 1명은 상담을 맡는다. 교사들은 전부 아름다운주님의교회 청년들이다.

2010년 10월 즈음, 수서역 3번 출구 근처에 있는 오피스텔을 빌려 방과 후 프로그램을 시작했다. 처음에는 임대아파트에 사는 아이들이 아닌 일반 학생을 대상으로 했다. 시범 운영 차원이었는데 20여 명이나 지원했다. 시간이 지날수록 다림교육을 찾는 아이들이 늘어났다. 개원한 지 6개월 만에 아이들은 100명을 넘었다. 학부모들 사이에 입소문이 퍼진 것이다.

"무료로 가르쳐 준다는 이야기를 들었을 때 반신반의했습니다. 요즘 같은 세상에 아이들을 대상으로 한 무료 교육은 찾아보기 힘드니까요. 다림의 가장 큰 특징은 '놀이' 방식으로 교육을 하는 거예요. 주입식 교육만 받아 온 아이들은 '다림교육'에서 재미와 편안함을 느낍니다. 무엇보다도 가르치는 선생님들이 아이들을 헌신적으로 대하는 것이 학부모들 사이에 큰 화제가 됐습니다. 학교와 사설 학원이 하지 못하는 일을 하는 거죠."

다림교육 학부모 공동대표 최순규 씨의 말이다.

## 주입식 영어 교육 'NO', 성품 교육까지

다림교육에 등록된 학생 100여 명 중 약 70%가 초등학생이다. 선생님들은 초등학생을 가르친다. 중학생은 국제고와 외국어고 학생들을 연결해 주고 일대일로 멘토링 수업을 듣게 한다. 다림교육 프로그램에 참여하는 초등학생 중 대략 53%가 임대 아파트에 사는 아이들이다. 아이들을 고루 모아 교육하는 이유가 뭔지 김 목사에게 물었다.

"아이들에게 '너와 다르게 사는 친구들도 있다'는 걸 보여주고 싶었습니다. 만약 모두 다 가난하다면 사회에는 아무런 문제가 없을 것입니다. 하지만 우리 사회는 갈수록 빈부 격차가 심해지고, 가난한 사람은 극심한 상대적 박탈감을 느끼고 있습니다. 아이들도 마찬가지입니다. 어렸을 때부터 내 주위에 어렵게 사는 친구들이 있다는 것을 알고 서로 돕는다면 앞으로 사회가 좀 더 밝아지지 않을까요?"

학급을 편성할 때는 학년으로 나누지 않고 실력으로 나눈다. 면접을 봐서 아이의 영어 수준을 판단하고 적절하게 배치하는 것이다. 보통 한 학급에 5명의 아이가 참여하며, 수업 시간은 하루에 60~90분 정도다. 수업 교재는 미국 초등학생이 쓰는 것과 같은 것으로 한다. 영어 단어와 숙어를 외우는 주입식 교육에서 벗어나 발표와 연극, 동요 부르기 등을 통해 영어에 흥미를 갖도록 돕는다.

"다림교육에서 교육받는다고 해서 아이들의 영어 실력이 좋아지거나 학교 성적이 오르는 것은 아닙니다. 다만, 아이들이 영어를 두려워하지 않게 도움을 줄 수는 있습니다. 아이 스스로 왜 영어를 공부해야 하는지 깨달을 수 있도록 도와줄 뿐입니다."

다림교육에 아이를 보내는 학부모들은 대부분 아이의 성적이 오르기를 바란다. 그러나 김 목사는 학부모의 기대와 다르게, 학교 성적이 아닌 사회적 공감을 강조한다. 아이들이 사회적 아픔에 공감하지 못하는 사람으로 자라는

것을 우려하기 때문이다. 이를 위해 주기적으로 사랑, 경청, 감사, 기쁨, 감정, 순종, 배려, 인내, 책임감 9가지 '성품 교육'을 한다. 가령 영어 단어를 암기하는 과제 대신 '배려'라는 주제로 엄마와 아빠의 입장에서 짧은 글을 쓰게 하는 것이다.

수업을 시작하기 전에, 아이들은 교사와 함께 '감정 체크'를 한다. 그날 학교에서 겪었던 일을 교사와 이야기하는 것이다. 아이들은 느낀 감정을 공유하면서 스트레스를 풀 수 있고, 교사는 아이가 무슨 일을 겪었는지 알 수 있다. 교사는 상황에 따라 아이의 감정 상태를 학부모와 공유하기도 한다. 다림교육 교사 지아영 씨는 감정 체크가 별것 아닌 것 같지만 매우 중요하다고 말했다.

"아이들도 하나의 인격체입니다. 어른들처럼 똑같이 스트레스를 받지만, 막상 하소연할 곳은 없죠. 아이들은 선생님이 자기 이야기에 귀를 기울일 때 존중받는다고 느낍니다. 이것은 수업에도 긍정적인 영향을 미칩니다."

## 학부모가 변해야 아이도 변한다

초창기 다림교육은 원칙 문제로 학부모와 갈등을 빚기도 했다. 아이가 다림교육에서 수업을 듣기 위해서는 해당 학부모도 한 달에 한 번씩 열리는 부모 교육에 반드시 참여해야 한다. 특별한 이유 없이 2회 이상 빠지면 아이는 다림교육 수업을 들을 수 없다. 상담 교사 천혜영 씨는 부모 교육의 중요성을 강조했다.

"바빠서 학부모 교육에 참여하지 않는 분들도 있었습니다. 저희가 원칙에 따라 일을 진행하자, 일부 학부모가 항의를 한 것이죠. 하지만 결국 그 학부모들도 부모 교육에 참여했습니다. 처음에는 왜 이렇게까지 하는지 의문을 느끼는 분들이 더러 있었습니다. 분명한 것은 학교나 학원에서 하는 교육은 한계가 있습니다. 부모님도 함께 공부하고 노력해야 아이들에게 발전이 있을 수 있습니다."

현재 학부모 70명은 한 달에 한 번씩 부모 교육을 받고 있다. 주로 교육심리학자와 아동심리학자, 예술가 등을 초대해 교육하며, 때로는 김영석 목사가 직접 교육을 진행할 때도 있다.

다림교육에 참여하는 아이들은 다른 영어 학원에 다녀서는 안 된다. 실제로 그런 아이들이 있었는데, 스트레스를 많이 받고 혼란스러워했다. 다만 국어, 수학, 예체능 학원은 다닐 수 있게 허용한다. 다소 까다로운 조건임에도 다림교육의 인기는 언제나 높다. 수업을 받기 원하는 평균 대기자만 80명에 달한다.

다림교육이 위치한 수서동에는 복지관만 3개나 있다.

다림교육과 유사한 공부방도 있고, 일반 사설 학원도 많다. 다림교육의 인지도가 높아지면서 주위 학원이나 공부방에서 부담을 느끼지는 않을까. 김 목사는 만일 누군가가 문제를 제기하고 나섰다면 두말없이 교육 사역을 접었을 것이라고 말했다. 아이들을 놓고 다툼을 벌이는 것은 상상해 본 적도 없기 때문이다.

## 구별 짓기보다 함께 어울리는 세상

다림교육은 2013년 서울시 사회적 기업에 선정됐다. 하지만 채 1년 만에 사회적 기업을 스스로 포기해야 했다. 사회적 기업을 선정하는 담당자들이, 가난한 아이들만 교육받게 해 달라고 요청했기 때문이다. 후원 의사를 밝혀 온 일부 기업도 같은 요구를 했다. 잘사는 아이들까지 지원할 이유가 없다는 논리였다. 하지만 김 목사가 보기에 이들의 요구는 상대적 박탈감을 조장하라는 말과 다르지 않았다.

다림교육은 조건을 거는 지원은 받지 않기로 결정했다. 돈 문제 앞에서 더욱 철저해지기로 한 것이다. 다림교육은 교육비뿐만 아니라 교재비, 간식비도 자체적으로 충당한다. 예산의 약 60%는 아름다운주님의교회에서 책임지고,

나머지는 학부모 후원으로 메운다.

학부모들은 단순히 물질적인 후원만 하는 게 아니다. 행사가 있을 때는 손수 음식을 만들어 내놓는다. 아파트에서 바자회가 열리면 물건을 팔아 후원금을 낸다. 직접 만든 천연 비누를 팔아 후원금에 보태기도 한다. 2014년 12월에 열린 '감사의 밤' 행사에는 학부모가 무려 350여 명이나 참석했을 정도로 관심이 뜨겁다.

김 목사는 아이들이 변하는 모습을 봤기 때문에 학부모들의 참여가 높다고 말했다. 한 학부모는 김 목사에게 "아이의 영어 실력이 눈에 띄게 늘어난 건 아닙니다. 하지만 성격이 적극적으로 변해 놀랐습니다"라며 감사 인사를 전했다고 한다.

다림교육에 참여하는 초등학생들은 합창단 '씽씽 마치' 활동도 한다. 매주 토요일 오전에 모여 2시간 정도 연습을 하고, 가끔씩 공연도 한다. 아이들은 합창을 통해 배려와 협동심을 기른다. 아이들을 위한 프로그램은 이뿐이 아니다. 한 달에 한 번씩 '비전 투어'를 하거나, 기업과 다른 교회의 도움을 받아 제철소나 한지 만드는 공장, 국립 박물관 등을 다니며 견문을 넓히기도 한다.

다림교육 입소문은 수서동을 벗어난 지 오래다. 교육을 받으려고 양재동과 일원동에서 오는 아이도 있다. 캐나

다와 미국에서 조기 유학을 하고 온 아이들도 교육을 받는다. 최순규 씨는 선생님들의 영어 실력이 좋은 데다가 성품 교육 효과가 크기 때문이라고 말했다. 김영석 목사도 선생님들의 헌신과 희생이 있었기에 지금의 다림교육이 있다고 강조했다.

김영석 목사에게 다림교육의 비전을 물었다. 돌아온 답

변은 의외였다. "공교육을 돕는 방과 후 학교를 꿈꿉니다." 교육의 출발점 자체가 가난한 아이들을 도와 앞서 나간 일반 아이들과의 간극을 최소화하는 것이다. 간극을 채우고 난 다음 일은 아이들의 '몫'이다.

"다림교육의 철학은 성적과는 전혀 관련이 없습니다. 아이들을 1등으로 만들고 싶은 마음은 추호도 없을뿐더러, 그 아이들이 1등을 하지도 못합니다. 서울대에 보낼 수도 없습니다. 다만 아이들이 자라서 남과 구별 짓지 않고 균등한 삶을 추구하며 살아갈 수 있도록 도울 뿐입니다.

세상에는 다양한 사람들이 살고 있습니다. 공평하신 하나님은 사람에게 각기 다른 능력을 주셨습니다. 가진 게 많은 사람은 그만큼 나누고 베풀어야 합니다. 그게 바로 균등입니다. 바로 이런 점을 아이들에게 알려 주고 싶습니다."

● 취재/글 _이용필 기자

An Urban Church creating
a Community with Neighbors

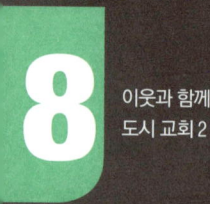

**8** 이웃과 함께하는
도시 교회 2

# An Urban Church creating a Community with Neighbors

# 몸과 마음을 치유하는 교회

위드교회

An Urban Church creating
a Community with Neighbors

　행정·정보·금융·유통 관련 시설이 즐비한 대구 도심 한가운데 자리한 위드교회(정민철 목사)는 겉에서 얼핏 보면 교회 같지 않게 생겼다. 시내에 있는 빌딩 한 층을 빌려 사용하고 있어서 우뚝 솟은 십자가도, 대문짝만한 간판도 없다. 처음 교회를 방문하는 사람은 이곳을 카페로 생각하기도 한다. 평일에는 여느 카페와 다를 바 없이 커피 등의 음료를 판매하기 때문이다. 실제로 위드교회는 현재 카페 협동조합으로 등록돼 있다. 하지만 일요일에는 카페 공간이 예배당으로 변한다. 그렇다. 위드교회는 요사이 젊은 목회자들에게 인기 있는 카페 교회다.

　일부 목회자들은 카페 교회를 탐탁지 않게 여긴다. 교회라면 으레 있어야 할 십자가나 강대상도 없고, 아무리 눈을 씻고 찾아봐도 예배당의 흔적을 발견할 수 없기 때문이다.

위드교회 역시 개척을 준비하면서 그런 지적을 받았다.

정민철 목사가 교회 개척을 준비할 당시 위드교회가 속한 경북노회는 개척 지원금을 주려고 목회자를 찾고 있었다. 정민철 목사도 후보 중 하나였다. 그런데 일부 목사들은 시내 한복판에서 교회가 부흥할 수 있겠느냐는 말부터 시작해서 십자가도 강대상도 없는 곳을 어떻게 교회라고 부를 수 있겠느냐는 말까지 온갖 반대하는 목소리를 냈다. 다행히 한국교회의 변화를 바라는 몇몇 젊은 목회자들이 정민철 목사를 지지해 줬다. 청년들이 교회를 외면하는 시대에 청년들과 접촉점을 마련할 수 있는 교회가 필요하다는 이유였다.

일부 비판적인 시각에 대해 정민철 목사는 자신의 목회 철학을 피력했다. 종교인들끼리 지극히 종교적인 장소에 모여 자신들만의 거룩을 얘기하는 건 예수의 거룩이 아닌 바리새인들의 거룩이라고 생각했다. 세상 한가운데로 들어가 세상 사람들과의 접촉점을 만들고 그들을 변화시키는 게 거룩의 참뜻이라는 것이다. 주민들의 문제와 필요를 함께 고민하는 교회가 되고자 했다.

정 목사의 호소에 위드교회 개척에 반대하던 일부 목사들도 결국 생각을 바꿨다. 그렇게 위드교회는 2010년 4월 25일 고신 총회 경북노회 50주년 기념 개척 교회로 선정

됐다. 경북노회는 개척 지원금 2억 원을 위드교회에 지원했고, 교회는 2010년 5월 7일 설립 감사 예배를 드렸다. 이후 개척 2년 만에 재정 자립을 이뤘고, 지금은 장년만 70명이 모일 정도로 성장했다. 교회가 안정되고 외부에서도 좋은 평가를 받으니, 반대하던 어른들의 우려도 사그라들었다.

## 내 이웃에게 필요한 건?

정민철 목사가 위드교회를 개척한 건 2010년이지만, 사실 2년 전부터 교회를 준비하고 있었다. 정 목사는 2000년부터 학생 선교 단체 한국누가회(CMF)에서 7년간 간사로 사역했다. 2008년부터는 CMF에서 만난 의대생 12명과 함께 대구 동산병원 남문 쪽에 월세 20만 원짜리 공간을 마련해 공동체 모임을 시작했다. 위드교회의 전신이다.

정민철 목사가 공동체 사역과 카페 목회를 시작한 건 한국교회 현실에 대한 고민에서 비롯했다. 그는 한국교회가 세상 사람들에게 뭇매를 맞는 이유는 교회가 사람들이 거는 기대와는 전혀 다른 모습을 보였기 때문이라고 이야기했다.

"사회가 교회를 비판하는 것은 일말의 기대감이 남아 있다는 뜻이에요. 그런데 교회는 전혀 다른 방향으로 가고 있습니다. 사람들은 교회가 돈 버는 곳, 장사하는 곳, 부동산 투기하는 곳이라고 생각합니다. 교회가 커지고 교인이 많아져도 지역사회는 바뀌지 않고, 주민들이 겪는 문제도 해결되지 않잖아요. 세상 사람들은 자신의 문제와 상관없이 홀로 성장하는 교회의 모습에 실망하는 겁니다."

위드교회는 이런 문제의식을 바탕으로 교회는 지역사회 안에서 이웃들과 공존해야 한다는 사실을 마음에 새겼다. 벽을 허물어 교회 같지 않은 교회를 꿈꿨다. 교회의 이웃들에게 어떤 것이 필요한지 고민하고 찾았다.

## 교회의 양 날개, 의료 봉사와 카페 사역

위드교회가 위치한 대구광역시 중구 남일동은 주거 지역이 아닌 상업 지역이다. 그렇다 보니 인근에 사는 주민이 많지 않다. 대신, 이곳을 오가는 직장인과 학생이 많다. 위드교회는 이들을 지역 주민이자 섬김의 대상으로 생각했다.

위드교회 주변에는 유독 학원이 많은데, 학생들이 마음

편히 공부할 곳은 부족했다. 카페가 몇 개 있긴 하지만, 대부분 가격도 비싸고 오래 앉아 있으면 왠지 눈치가 보인다. 위드교회는 학생들에게 편하게 공부하고 교제할 수 있는 공간을 제공하고자 했다. 카페에 여러 개의 스터디룸을 만들었고 커피 가격도 시중에 있는 가게보다 저렴하게 내렸다. 학생들이 커피 한 잔 시켜 놓고 온종일 앉아 있어도 누구 하나 눈치 주지 않는다.

기자가 교회를 방문한 날에도 중·고등학생으로 보이

는 청소년들이 삼삼오오 모여 앉아 있었다. 수다를 떠는 이도 있었고, 책상에 엎드려 공부하는 친구도 있었다. 이렇게 한 사람이 오랫동안 자리를 잡고 있으면 수익이 적지 않을까. 정 목사는 여기가 카페가 아니라 교회이기 때문에 그런 건 문제 되지 않는다며 웃어넘겼다. 지역 주민에게 봉사한다는 데서 뜻을 찾아야지, 다른 카페들처럼 이윤을 내는 데 목적을 두면 경쟁도 안 될뿐더러 교회의 본질에서도 멀어진다는 것이다.

작년에는 대구광역시가 위드교회를 마을 기업으로 선정했다. 마을 기업으로 선정되려면 기업이 구청에 신청하는 게 수순이지만, 위드교회는 대구시에서 먼저 제안했다. 대구광역시는 마을 기업 선정에 따라 3,000만 원을 교회에 지원했다. 교회는 이 돈으로 커피 제조 시설을 새로 마련하고 카페 전체를 리모델링했다. 카페를 찾는 학생들이 하루 종일 책을 펼쳐 놓고 친구들과 수다를 떨며 진을 치는 여러 개의 스터디룸도 이때 만들어졌다.

카페는 청년 일자리 창출에도 기여한다. 카페에서 근무하는 직원들은 다른 사람보다 상대적으로 취업이 어려운 무슬림 유학생과 새터민이다. 교회는 앞으로도 카페를 소외된 이들에게 일자리를 제공하는 사회적 기업으로 운영할 예정이다.

위드교회는 구청 행사나 주민들 모임에 교회 공간을 빌려준다. 구청이 주최하는 마을 행사나 음악회부터 시민 단체가 실시하는 협동조합 교육까지, 외부에서 대관 요청이 들어오면 교회는 마다하지 않고 공간을 내준다. 성서대구, 대구기독교윤리실천운동 같은 기독교 단체들도 위드교회에서 모임을 한다. 대관료는 1인당 3,000원이다.

교회가 직접 시민들을 초청해서 교육 강좌도 개설하고, 독서 모임을 진행하기도 한다. 토요일에는 '희망의 인문학-클레멘트 코스'에 따라 책을 읽는 모임이 열린다. 클레멘트 코스를 만든 미국 언론인 얼 쇼리스는 교도소 재소자들과 미혼모들에게 고전을 읽게 했다. 이들은 인문학 공부를 통해 결국 자기 모멸감 같은 내적 상처를 극복하고 새로운 삶을 살게 되었다. 위드교회 역시 시민들이 새로운 꿈과 희망을 갖도록 돕기 위해 독서 모임을 시작했다.

## 의료 사각지대에 선 '나그네' 돕는 교회

위드교회의 주 종목은 뭐니 뭐니 해도 의료 봉사 사역이다. 위드교회 개척 멤버는 대부분 정 목사가 한국누가회에서 사역할 때 만난 의료인 제자들이다. 당시 의대생이었던 이들은 이제 의사가 됐다. 새로운 의료인들도 교회에

합류했다. 70여 명의 교인 중 30여 명이 의료인이다.

매월 첫째, 셋째, 넷째 주일 오후에는 의료 봉사를 한다. 외국인 노동자들이 밀집해 있는 대구 달서구와 경상북도 경산시의 산업 공단, 베트남자생교회 등을 방문한다. 위드교회는 기본적인 검진과 의료 상담을 하고, 의약품을 나눠 준다. 둘째 주에는 외국인 노동자들이 교회로 찾아온다. 이들은 모두 세부 검진이 필요한 이들로, 교회 안에 설치된 초음파 기계 등의 의료 장비로 건강 상태를 자세하게 점검받는다.

의료인이 아닌 교인들도 함께 봉사에 참여한다. 검진은 교인들 중 의사나 간호사들이 담당하고, 일반 교인들은 안내와 간단한 상담을 한다.

교회 일각에서는 이러한 행위에 우려한다. "외국인 노동자 중에는 불법 체류자도 있는 거 아니냐", "이들은 사회에 해악을 끼친다", "불법 체류 여부를 개별적으로 검증해야 한다"고 말하는 이들도 있다. 정민철 목사는 설령 불법 체류자가 있다 하더라도 도움이 필요한 이들을 교회가 외면할 수는 없다고 목소리를 높였다. 소외당하는 이와 약자의 편에 서는 것이 교회가 해야 할 일이기 때문이다.

## 교회엔 '좌우'가 없다

교회가 기관이나 단체에 대관을 해 주다 보니, 열리는 행사가 아주 다양하다. 2014년에는 새정치민주연합 창당 기자회견이 열렸고, 2015년 초에는 체 게바라의 딸인 알레이다 게바라의 강연회가 있었다.

알레이다 게바라의 강연은 특별한 정치 성향 때문에 이루어진 행사가 아니다. 알레이다 게바라는 쿠바의 소아과

의사다. 세계보건기구(WHO) 기념사업회에서 '제3세계 보건 수준 향상'이라는 주제로 강연을 기획했고, 의료 복지에 강점이 있는 쿠바 의료인을 초청한 것이다. 외국인 노동자들을 위해 열심히 의료 봉사를 하는 교회가 있다는 소문을 들은 한국-쿠바교류협회에서 교회에 강연 개최를 요청했다.

그런데 외부에서는 교회를 삐딱하게 보기도 한다. 시민단체가 교회를 빌려 개최한 행사에 소위 '운동권 사람들'도

드나들었기 때문이다. 이쯤 되면 교단이나 노회의 눈치를 볼 만도 하지만, 정민철 목사는 여유롭다.

"사회운동을 하는 분 중에 교회에 다녔던 사람들이 많습니다. 그런데 그분들이 교회에 상처 받거나 실망해서 교회를 많이 떠났습니다. 예수는 좋은데 교회는 싫다는 거죠. 그렇지만 우리 교회 활동을 보면서 교회에 대한 생각을 바꾸는 사람들도 있습니다.

우리가 진리를 가진 사람들이라면, 그런 사람들을 만나서 우리가 변하는 게 아니라 우리가 그들에게 영향을 끼칠 것입니다. 빨간 색깔 사람을 만난다고 빨간색으로 변해도 안 되고, 파란 색깔 사람을 만난다고 해서 파란색으로 변해도 안 되는 거죠."

## 재정의 절반 이상은 이웃을 위해

외부 사역을 살펴봤으니 이제는 교회 내부 사정도 살펴보자. 위드교회에는 당회가 없다. 운영위원회가 교회의 사역 계획과 방향을 결정한다. 운영위원회에는 각 연령층을 대표하는 이들이 골고루 섞여 있다. 2~3개월에 한 번씩 모여 교회 운영과 의료 봉사를 논의한다. 목회자에게 전적으로 의존하기보다는 교인들이 사역 주체로 참여하는 구조다.

위드교회는 월세를 제외한 재정의 50%를 외부 사역에 사용한다. 나머지 절반은 외국인 봉사 교역자 사례비, 선교사 후원금 등으로 쓰인다.

특이한 점은 정해진 경상비 지출 외에는 따로 세세하게 지출 계획을 세우지 않는다는 것이다. 필요한 사역이 생기면 그때그때 재정을 투입한다. 사전 계획 없이 재정을 운용하면 문제가 생길 수도 있지만, 위드교회는 예산보다 지출이 많더라도 필요한 곳에 바로 재정을 지원하는 것을 원칙으로 한다. 계획을 미리 세워 놓으면 아무래도 사역의 폭이 줄어들 수밖에 없고, 필요한 곳에 지출하기보다 교회 유지에 더 많은 재정을 쓸 수 있다는 판단에서다.

위드교회에는 예배도 일주일에 단 두 번, 금요 저녁 기도회와 주일 오전 공동 예배뿐이다. 일요일 오전 예배를 마친 후 점심을 같이 하는 게 교제의 전부다. 남은 시간과 에너지를 외부 사역에 쓰기 위해서다. 정 목사는 "교회는 예수를 따르는 사람들의 모임이다. '우리'보다는 '남'을 위해 시간을 사용해야 한다"고 말했다.

"우리는 봉사하면서 친해지자고 교인들에게 말합니다. 어차피 교제를 위한 프로그램은 한계가 있어요. 서로 땀을 흘리며 섬기는 자리에 함께 있을 때 동지애가 더 많이 생깁니다."

평일 내내 일터에서 시달리다 주말에 또 봉사하러 다니면 교인들도 피곤할 수밖에 없다. 정 목사는 가끔 불평하는 교인들에게 신앙생활이란 게 원래 힘든 일이자 고난이라고 이야기한다. 예수 믿으면 평안하고 복 받는다고 생각하는 것 자체가 잘못이라고 가르친다.

"예수님도 바울도 피하지 못한 고난을 우리라고 피할 수 있겠습니까. 우리는 자본주의 가치에 역행하는 삶을 추구합니다. 물질적 욕망에서 자유롭길 바라는 거죠. 물질적 욕망에서 자유하려는 것 자체가 고난이고 그것이 바로 신앙입니다."

## 주민 건강 책임지는 의료 협동조합

현재 위드교회는 새로운 청사진을 그리고 있다. 교회가 지역 주민들과 함께 의료 협동조합을 만드는 것이다.

일반 병원은 수입을 내야 병원을 운영할 수 있기 때문에 과잉 진료라는 부작용이 발생한다. 그리고 과잉 진료에 따라오는 경제적 부담은 결국 환자들에게 고스란히 돌아간다.

하지만 의료 협동조합은 조합원인 지역 주민들이 병원의 운영자이자 사용자다. 주민들이 출자를 해서 병원을 설립하고 운영한다. 마을 주민들이 주치의를 갖는다고 생각하면 이해하기 쉽다. 조합원들이 공동으로 소유하고 민주적으로 운영하기 때문에 영리 추구보다는 조합원과 지역민을 위한 공익에 초점을 맞출 수 있다. 병원은 병이 나야 돈을 벌지만, 의료 협동조합은 병이 나지 않도록 예방과 보건에 중점을 둔다.

위드교회가 준비 중인 '들풀의료협동조합'(가칭)은 2014년 100명의 발기인을 모집했고, 발기인 대회까지 마쳤다. 2015년에는 협동조합 설립을 위한 절차를 밟고 있다. 대구 지역 마을 한 곳을 선정해 조합원을 모집하고 있다. 위드교회 교인 중 한 사람이 협동조합 초대 의사로 활동할 계획이다.

장애인 사역도 준비하고 있다. 시각장애를 앓고 있는 교인에게 시각장애인들의 형편을 들은 것이 계기가 됐다. 시각장애인이 할 수 있는 일은 안마밖에 없는데, 이 일은 대부분 퇴폐 업소와 연결되어 있다. 그러나 그는 차마 퇴폐 업소에서는 일할 수가 없어 그 일을 거부했고, 결국 고정적인 일자리를 얻지 못해 늘 생활고에 시달렸다. 이 얘기를 들은 교인들은 교회가 할 수 있는 일이 무엇인지 고민했다. 교회가 건전 안마소를 운영하자는 의견이 나왔다. 하지만 공간 마련과 운영을 위해서는 많은 돈과 인력이 필요했다.

그러던 중 대기업은 사원 복지 차원으로 내부에 체력단련실을 운영한다는 정보를 들었다. 기업과 안마사를 연결해 주자는 아이디어가 나왔다. 기업 입장에서도 장애인 고용촉진법에 따라 장애인을 채용해야 하고, 사원 복지 차원에서도 안마사가 필요하다. 현재 대구에 소재한 모 기업과 이 건을 놓고 긍정적으로 논의하고 있다.

교인이 70명뿐인 작은 개척 교회지만, 위드교회에는 현재 하는 사역과 앞으로 해야 할 사역이 산더미같이 쌓여 있다. 재정과 사람이 모두 부족하다. 하지만 교회는 교인 수 늘리기에 욕심이 없다. 교회가 개척하면서 세운 목표인 빈부 격차 해소와 소외 계층을 위한 나눔 실천에 집중하려고 한다.

"어떤 사역이든 과하게 할 생각은 없습니다. 꼭 필요한 일만 할 생각이에요. 사역에 욕심을 내다 보면 교인들을 압박하게 되고, 돈과 인력을 바랄 수밖에 없습니다. 그러면 오히려 해야 할 일을 못 하게 되지요. 또, 지역 주민과 소외된 자들을 지속적으로 섬기지 못하게 되고요. 사역이 커지면 사역이 하나의 이벤트로 전락할 수 있습니다.

거창한 비전은 없습니다. 그저 믿지 않는 사람들에게 욕먹는 교회가 되지 말자는 처음 목표에 계속 집중할 생각이에요. 한국교회의 성장만능주의, 업적주의, 기복주의를 극복하기 위해 치열하게 싸워 나갈 것입니다."

● 취재/글 _장성현 기자

**9** 이웃과 함께하는
도시 교회 2

# An Urban Church creating a Community with Neighbors

# 동네 주민의
# 손과 발
# 노릇하는 교회

이도교회

관광의 명소로 알려진 제주도. 김포에서 비행기를 타고 남쪽으로 한 시간 정도 내려가면 창밖으로 낯선 도시의 모습이 펼쳐진다. 작고 알록달록한 건물, 열대 지방에서나 볼 수 있는 이국적인 나무, 푸른 바다와 함께 출렁이는 흰 어선. 모두 제주에서나 볼 수 있는 독특하고 아름다운 풍경이다.

아름다운 풍경과 달리, 제주의 역사는 곳곳이 상처투성이다. 일제강점기 때, 일본군은 비행장과 군 시설을 짓기 위해 곳곳을 파헤치고 도민들의 가축과 곡식을 약탈했다. 해방 이후에도 제주는 큰 혼란을 겪었다. 4·3사건이 발생한 것이다. 이 사건으로 수만 명의 무고한 도민들이 죽거나 다쳤다.

외부인들이 준 상처 때문인지, 제주는 유독 내부 결속이 강하다. 대표적인 예가 '괸당' 문화다. '괸당'은 '권당'에서 비롯한 말로, 친인척을 뜻하는 제주 방언이다. 도민들은 괸당의 말을 무조건 따른다. 취직 · 결혼 · 이사 등 대소사를 결정할 때면 언제나 괸당의 뜻을 먼저 구한다.

김성욱 목사는 이도교회를 개척하면서 가장 어려웠던 게 괸당 문화였다고 말했다. 괸당에서 "기독교는 안 된다", "교회 가는 건 용납할 수 없다"고 하면, 기독교에 관심이 있거나 멀쩡히 교회에 잘 다니던 사람들도 "어쩔 수 없다"며 교회를 떠난다는 것이다. 제사를 중요하게 여기는 괸당 어른들이 제사에 반대하는 기독교를 좋게 볼 리 없었다.

## 복음의 불모지, 제주

구미가 고향인 김성욱 목사가 26년 전 제주에 이도교회를 개척한 이유는 오로지 이곳이 복음의 불모지이기 때문이다. 8년간 공무원으로 근무하다 남보다 늦게 신학을 시작한 그는, 목회자가 되기로 결심하면서 품은 뜻이 하나 있다. '남들이 가지 않는 불모지에서 목회를 하는 것'이다. 그러던 중 1985년 김 목사는 신학대학원 동기들과 제주도로 졸업 여행을 갔다. 처음 가 본 곳이었다. 김 목사는 제주도가 복음이 잘 전해지지 않는, 교회가 자리 잡기 어려운 곳이라는 걸 알게 됐다.

그때부터 김 목사는 제주도를 사역지로 품고 기도했다. 이후 제주에서 사역할 목회자를 찾던 구미상모교회의 도움으로, 1989년 7월 제주시 이도2동에 이도교회를 개척했다.

대개 교회를 막 개척한 목사들은 자립을 목표로 '전도'에 초점을 맞춘다. '100명 돌파', '성전 건축' 등 세세하게 목표를 세우고, 날마다 노방전도를 하며 교인 수 늘리기에 집중한다. 하지만 김 목사는 개척 당시부터 다른 목사들과 달랐다. 전도에 집중하기보다는 같은 동네에 있는 이웃들을 섬기는 데 주력했다.

앞서 말한 것처럼, 도민들은 교회를 안 좋은 시각으로 본다. 김 목사는 이들에게 하나님의 사랑을 실천하는 교회의 참모습을 보여 주고 싶었다. 교회 이름을 이도교회로 정한 것도 이러한 이유에서다. 이도동을 품고 섬기는 교회, 지역사회와 가까운 교회, 주민들에게 구원의 방주이자 축복의 통로가 되라는 의미다.

이도교회는 올해로 개척한 지 26년이 됐다. 김 목사 가족밖에 없던 교인들은 이제 80여 명으로 늘었고, 환경 운동, 무료 급식, 나눔 가게 등 사역도 다양해졌다. 교회는 앞으로도 지역사회 봉사에 힘쓸 계획이다. 김 목사는 "단순히 교인 수를 늘리려고 봉사를 하는 게 아닙니다. 교회의 존재 이유 자체가 예수님의 사랑을 실천하는 것이니 당연히 해야 할 일을 하는 것뿐입니다"라고 말했다.

## 주민들에게 필요하면서 교회가 할 수 있는 일

이도교회는 두 가지 원칙을 기준으로 사역을 정한다. 하나는 주민들에게 필요한 일을 하는 것, 다른 하나는 교회가 할 수 있는 일을 하는 것이다.

개척 당시 교인이라고는 김 목사와 아내, 큰딸 그리고 김 목사의 어머니 이렇게 네 식구가 전부였다. 네 명이서 할 수 있는 일이 뭐가 있을까. 이들이 먼저 시작한 일은 인근 아파트 단지와 거리를 청소하는 것이었다. 당시에는 아파트와 동네를 청소하는 환경미화원이 없던 터라 온갖 폐기물과 쓰레기가 그대로 방치되어 있었다. 깨끗한 환경을 위해 누군가의 손길이 필요했다.

김 목사 부부는 매일 새벽 기도회를 마치고 나면, 쓰레기봉투와 집게를 들고 교회 밖으로 나섰다. 한여름의 뙤약볕 아래에서 아파트와 마을 구석구석을 돌며 바닥에 널브

러져 있는 쓰레기를 봉투에 담아 쓰레기장으로 옮겨 놓았다. 누가 딱히 시킨 것도 아니고 인정해 주지도 않았지만, 그렇게 하루에 5~6시간씩을 청소에 할애했다.

거리를 청소하면서 지역 주민들과도 가까워졌다. 날도 더운데 수고가 많다고 격려하거나, 음료수라도 마시고 가라며 집으로 초대하는 주민들이 생기기 시작했다. 어떻게 사는지 일상을 나누고 갈치나 된장 등 반찬을 주는 이도 있었다.

현재 이도교회는 지역 환경을 가꾸는 데 적극적이다. 때때로 중·고등부 학생들과 이도동 일대를 돌며 거리를 청소한다. 환경 주일이 되면 전 교인이 바닷가로 나가 해안에 버려진 쓰레기와 어업 폐기물을 처리한다. 2007년 태안 앞바다에 기름 유출 사건이 발생했을 때는, 지역 교회와 함께 봉사단을 꾸려 2박 3일간 봉사 활동을 다녀오기도 했다.

제주시기독교연합회는 환경 미화 활동에 열심인 이도교회 김성욱 목사를 환경대책위원장으로 임명했다. 이 외에도 교회는 EM(Effective Microorganisms) 효소를 만들어 주민에게 무료로 나눠 주며 환경 캠페인을 벌인다.

## 동네 어르신들의 손과 발 되다

평일 오전 10시, 이도주공아파트 관리소 앞. 70세가 넘는 고령의 할머니 10여 명이 삼삼오오 모여 있다. 마른 어깨에는 등짐을 짊어지고, 한 손에는 지갑을 들고 있다. 제주시에 오일장이 들어서는 날이라 아침부터 주민들이 이도교회 교인들을 기다리는 것이다. 오일장이 열리는 날마다 교회가 이들을 교회 승합차로 데려다주기 때문이다.

오일장은 제주국제공항 인근 제주민속오일시장에서 열린다. 이도동에서 시장까지 거리가 약 7km. 자가용으로는 10분 거리지만, 대중교통을 이용하면 1시간이나 걸린다.

요즘에는 주민들이 집에서 가까운 마트나 인터넷을 이용하지만, 나이 많은 어르신들은 재래시장이 익숙하고 좋아서인지 불편을 감수하면서까지 오일장을 이용한다. 하지만 이들이 무거운 짐을 들고 버스를 타는 건 쉽지 않은 일이다. 이것을 안 이도교회는 1999년부터 교회 승합차로 주민들을 시장까지 태워 주고 있다. 물론 차비는 받지 않는다.

닷새에 한 번 장이 열리니, 한 해 평균 60번 이상을 17년 동안 계속한 셈이다. 김 목사의 아내와 이도교회 교인들이 번갈아 가며 운전한다. 김 목사의 아내는 "어르신들

이 장을 보고 댁으로 들어가시는 모습을 보고 있으면 옆에서 봉사하는 저희들의 마음도 풍족해져요"라며 환하게 웃었다.

교회가 좋은 일을 한다는 얘기가 동네에 알려지자, 2013년에는 예상치 못한 요청이 교회에 들어왔다. 인근 경로당에서 교회에 급식 봉사를 요청한 것이다. 월요일마다 경로당에서 어르신들에게 식사를 무료로 제공하고 있는데, 요리와 배식을 담당하던 자원봉사 단체가 갑자기 빠지면서 이를 대신할 기관이 필요했다.

어르신들의 발이 되어 온 이도교회가 손이 되지 못할 이유는 없었다. 김 목사는 기꺼이 하겠다고 응답했다. 이후 이도교회 교인들은 매주 주일 예배가 끝나면 마트에 가서 식재료를 구입한다. 그리고 월요일 새벽 기도회가 끝나면 교회 식당에서 어르신들에게 대접할 음식을 만들어 경로당을 찾는다. 그곳에는 30여 명의 어르신들이 일주일에 한 번씩 찾아오는 교인들을 기다리신다. 배식이 끝나면 이도교회 교인들과 어르신들은 간식을 즐기며 서로 안부를 나눈다.

교회는 혼자 사는 지역 어르신들에게도 반찬을 배달하고 있다. 제주시 자원봉사센터는 교회와 업무 협약을 맺고 이도동 인근의 독거노인들에게 반찬 전하는 일을 교회에 요청했다. 시에서 교회에 독거노인의 현황을 알리면 교회가 이들을 찾아간다. 일주일에 한 번씩 어르신들의 집에 방문해 음식을 건네고 건강은 괜찮은지, 별 일은 없는지 근황을 묻는다.

## 주민들에게는 사랑방, 아이들에게는 놀이터

2012년 이도교회는 교회 건물을 증축하고 새롭게 단장

하면서 예배당 옆에 '엘림나눔카페'라는 북카페를 만들었다. 보통 교회 카페가 교회 안에 있는 것과 달리 엘림나눔카페는 카페 자체가 예배당과 떨어져 있다. 주민들이 부담 없이 카페를 이용할 수 있도록 배려한 것이다. 커피 가격도 다른 가게보다 저렴하다. 카페 한쪽에는 손님들이 마음껏 먹을 수 있도록 귤 바구니를 놓아두었다.

이도교회는 엘림나눔카페나 예배당이 교인들만의 것이 아니라고 생각한다. 인근 주민들도 자신의 집처럼 편하게 이용할 수 있도록 교회 문을 활짝 열어 놓는다. 교회 안에는 '이도쉐마작은도서관'을 만들어 청소년 권장 도서 수백 권과 넓은 책상 여러 개를 마련했다. 누구나 자유롭게 도서관에 들러 책을 보고 공부할 수 있다. 주말에는 이곳에서 독서·논술 교실, 악기 교실 등 다양한 강좌가 열린다.

김성욱 목사는 교회를 방문한 기자를 이도교회 3층으로 안내했다. 3층은 마치 옷가게를 방불케 했다. 한쪽 방에는 수십 장의 기성복이 옷걸이에 걸려 있었고, 다른 방에는 신발과 가방이 놓여 있었다. 책, 생활용품, 가전제품도 보였다. 모두 주민들이 기부한 것이었다.

이도교회는 이곳을 '나눔가게'라고 부른다. 교인과 주민들이 안 쓰는 물건을 가게에 내놓으면 다른 주민들이 자유롭게 돈을 내고 물건을 가져가는 방식으로 운영한다. 수익

금은 모두 장애인을 위해 사용한다.

교회 곳곳을 둘러보면 유독 장애인들을 위한 세심한 배려가 엿보인다. 예배당과 북카페 입구에는 다리가 불편한 장애인들이 휠체어로 편하게 출입할 수 있는 경사로가 있다. 교회는 1년에 한 번씩 장애인들을 위해 바자회를 연다. 수익금은 모두 제주시 장애인들의 지역 문화 탐방에 필요한 경비로 사용된다. 김성욱 목사는 국제장애인문화교류 제주시협회장을 역임했고, 현재 후원이사장을 맡고 있다. 김 목사 역시 시각 장애를 앓고 있다.

보통 교회 예배당은 평일에 텅텅 빈다. 그래서 이도교회는 평일에 사용하지 않는 예배당을 주민들에게 개방했다. 인근 아파트 주민들의 총회 장소나 합창단, 밴드 같은 지역 동아리의 모임 장소로도 쓰인다. 최근 이도교회는 교회 식당까지 주민들에게 제공하고 있다. 제빵기를 설치해서 주민들을 대상으로 제빵 교실을 운영한다. 이때 만든 빵은 모두 동네를 돌며 이웃들에게 나눠 준다.

현재 제주도는 중국에서 무비자로 입국할 수 있어서 선교사와 현지 사역자들이 자주 찾는 곳이다. 이도교회는 이들에게도 쉼터를 제공한다. 시내에서 30분 정도 떨어진 조천읍 와흘리에 아담한 별장을 지어 선교사와 사역자들이 자연 속에서 쉼을 누리고 재충전할 수 있게 했다.

## 주민 반대에 두 번이나 십자가 철거

지금은 이도교회가 주민들이 편하게 방문하고 이용하는 사랑방이 되었지만, 처음부터 그랬던 건 아니다. 26년 전 김성욱 목사가 이도2동에 교회를 개척했을 때는, 예배당을 빌리는 것조차 쉽지 않았다. 건물주들이 교회 예배당으로 사용한다고 하면 계약을 거부하는 것이다.

"지금은 많이 나아졌지만 옛날에는 기독교에 대한 거부감이 심했어요. 그래서 교회가 들어선다고 하면 건물주부터 반대하고 나섰던 거죠. 어떤 건물주는 가계약까지 맺었는데 '괸당' 어른의 반대로 위약금을 내면서까지 계약을 파기했습니다."

우여곡절 끝에 김 목사는 이도2동의 한 건물 지하에 예배당을 마련했다. 하지만 산 넘어 산이었다. 이번에는 지역 주민들이 반대하고 나섰다. 주민들은 동네에 교회가 들어오는 것을 탐탁지 않게 여겼다. 이들은 교회가 준공검사를 마치지 않은 건물에 입주한 것을 알고는 이를 문제 삼아 시청에 민원을 냈다. 조사하러 온 시청 공무원은 김 목사에게 당장 건물을 비우라고 지시했다.

사정은 이랬다. 교회가 입주한 건물은 계약 당시 준공 예정일보다 공사가 늦게 진행되어 준공 검사만 받지 못한 상황이었고, 이사와 설립 예배를 계획대로 진행할 수밖에 없었다. 결국 김 목사 부부는 교회 설립 예배를 드린 지 3일 만에 옥상에 세운 십자가를 철거하고, 예배당에 있는 강대상, 장의자, 피아노 등 집물을 손수 밖으로 꺼내야 했다.

주민들의 반대는 이도교회가 거리를 청소하고 오일장 차량 봉사를 하면서 차츰 바뀌기 시작했다. 개척 당시 김

목사 부부는 동네에서 기피 대상 1호였다. 대화는커녕 사람들과 눈인사도 나누기 어려웠다. 하지만 청소를 하는 김 목사 부부에게 말을 걸고 음식을 나누는 이가 생기기 시작했다. 7년 전에는 제주민속오일시장 상인회가 이도교회에게 감사패를 줬고, 5년 전에는 이도2동 주민들이 김 목사를 '숨은' 선행상 대상자로 뽑았다.

 이도교회는 급식 봉사를 하는 경로당과도 여러 교류를 맺고 있다. 부활절과 성탄절, 교회 설립 기념 예배 등 교회 행사 때마다 경로당에 있는 어른들을 초청한다. 기독교와 교회에 대한 거부감 때문에 싫어하는 것은 아닐지 걱정했지만, 다들 행사에도 꾸준히 참석하고 교인들과도 친하게 어울린다.

올해 어버이 주일에는 이도동에 있는 경로당 어르신 100여 명을 교회로 초대했다. 매일 경로당 안에 있으면 답답하실 것 같아 특별한 시간을 마련한 것이다. 이도교회 교인들은 어르신들에게 음식을 대접하고 함께 나들이를 했다.

이런 변화에 김성욱 목사는 감개가 무량하다. 교회가 들어서는 것조차 막으려고 했던 지역 주민들이, 이제는 교회에 대한 적개심을 거두고 오히려 이도교회를 찾는 이웃이 된 것이다.

## 다음 세대를 위한 대안 교육 모색

이도교회의 사역 얘기를 계속 듣다 보면 유독 어르신들을 위한 봉사가 많다. 김성욱 목사는 교회가 주민의 필요를 채우는 사역을 하다 보니 자연스럽게 그렇게 된다고 말했다.

"차량 봉사나 무료 급식, 반찬 봉사 모두 교회가 지역 주민 입장에서 필요한 일을 찾다가 하게 된 일이에요. 앞으로도 지역사회에서 들어오는 요청은 모두 수용할 거예요. 복지 단체가 할 수 없는 사각지대도 찾아서 저희가 돌보고 싶어요. 특히, 어르신들의 내면을 채우는 사역을 고민하고 있어요. 요즘은 고독사하는 분이 많다고 하잖아요. 대화도 많이 나누고 함께하는 시간도 늘려서 이분들이 여생을 기댈 수 있는 교회가 되고 싶어요."

현재 이도교회는 다음 세대를 생각하고 있다. 오늘날 많은 부모가 교육 현실에 문제를 느끼지만 대안이 없어 학교나 학원에 아이를 내맡긴다. 김 목사는 이런 문제의식을 가진 학부모들과 만나면서 교육의 문제점도 얘기하고 대안 교육을 함께 모색할 계획이다.

● 취재/글 _박요셉 기자

## 10

이웃과 함께하는
도시 교회 2

# An Urban Church creating a Community with Neighbors

# '느슨한 약속'으로 지역 섬기는 교회

광주다일교회

An Urban Church creating
a Community with Neighbors

광주광역시 풍암동은 도심과는 조금 떨어져 있다. 월드컵경기장을 지나 외곽 쪽으로 가다 보면 풍암 지구라고 불리는 신도시가 등장한다. 1990년대 광주 최대 개발 지역인 이곳은 아파트가 빼곡하게 들어서 있다.

광주다일교회(김의신 목사)는 2000년에 이 지역의 개발과 함께 개척됐다. 지금은 광주양림교회를 맡고 있는 노치준 목사가 처음 터를 잡았다. 종교사회학을 공부한 노 목사는, 태동 당시부터 기존 교회의 대안이 될 수 있는 교회를 표방했다. 건강한 실험적 교회가 광주다일교회의 모토였다. 우선 노 목사는, 담임목사나 당회의 독단적 행보를 막기 위해 민주적 정관을 만들었다. 교인들이 교회 일에 참여할 수 있게 했고, 당회의 활동을 상당 부분 제약하는 세칙을 두었다.

신도시 개발 여파로 우후죽순 들어서는 교회들 속에서, 광주다일교회도 나름대로 성장했다. 개척 8년 만에 성도들이(아이들 포함) 400명 가까이 모이는 교회로 덩치가 커졌다. 건물도 새로 짓기 시작했다. 바로 그 무렵인 2008년, 노 목사가 광주양림교회로 옮겨 가고 김의신 목사가 노 목사의 뒤를 이었다. 캐나다에서 오랫동안 이민 목회를 하다 한국에 들어온 김 목사의 부임은 광주다일교회에 중요한 전환점이 됐다.

김 목사는 부임 4년 만에 소위 '민주 정관'이라고 불리던 교회 정관을 폐지했다. 그동안 정관은 목사나 당회에 교회 권력이 쏠리지 않도록 제약하는 역할을 했지만, 모든 일을 법대로 처리하다 보니 교인들 간에 '정'이 없어지는 부작용도 생겼다. 어느 장로는 교단 헌법에는 은퇴 시기가 70세까지인데, 왜 교회는 65세로 해 놓느냐며 노회에 문제를 제기하기도 했다. 건강한 교회를 만들기 위해 만든 정관이 도리어 교회 내분의 원인이 된 것이다.

김 목사는 당회와 교인들의 동의를 얻어 정관을 과감히 폐지했다. 교인들을 차분히 설득하자, 교인들이 하나둘씩 동의했다. 결국 반대하는 사람 하나 없이 정관을 폐지할 수 있었다. 김 목사는 대신 '광주다일교회의 신앙과 약속'이라는 새로운 형태의 규약을 만들었다. 강제성도 없고,

제약도 없는 이 느슨한 약속은 오히려 교회를 더 건강하게 바꾸기 시작했다. '광주다일교회의 신앙과 약속' 일부는 이렇게 되어 있다.

약속 3. 우리는 교회에서 다음을 약속하고 지킬 것입니다.
- 교회를 따뜻하고 넉넉한 곳으로 만들기 위해 노력할 것입니다.
- 교회는 민주적으로 운영하지만, 사람의 뜻 위에 계시는 하나님의 뜻을 늘 묻고 성서의 가르침을 따를 것입니다.
- 모든 것의 주인 되시는 주님께 정성스러운 마음으로 바른 헌금 생활을 할 것입니다.
- 교회의 헌금은 헌금한 교인들에게는 보람이 되고, 사용되는 모든 곳에서 기쁨과 소망이 되게 할 것입니다.
- 교회 안에서 성별, 나이에 따라 차별받지 않고 평등하고 자유롭게 의사를 나눌 수 있는 평등한 공동체를 이루어 갈 것입니다.

김 목사는 정관을 폐지해도 교회를 민주적으로 운영할 수 있는 방법을 많이 고민했다. 두 달에 한 번씩 모이는 당회는 열린 당회 형식이다. 당회에서 여러 사람의 의견을 수용하고, 교회 운영은 사역을 위한 자발적인 모임 중심으로 이루어질 수 있도록 했다. 1년에 두 차례 교인들의 자원으로 이루어지는 각 사역팀은 부장이라 불리는 담당자를 중심으로 계획을 세워 운영되고, 재정에 대한 권리와 책임도 함께 갖는다. 주일 예배의 대표 기도는 장로만 하는 게 아니라 장로, 권사, 집사 등 모든 교인이 함께 돌아가면서 담당한다.

김 목사는 교회 정관을 폐지하면서 교훈을 하나 얻었다. 사실 교인들은 정관의 의미를 제대로 이해하지 못해서 그 내용에 충분히 공감하지 못하는 상태였다. 처음 정관을 만들자는 이야기가 나왔을 때 교인들은 단순히 '목사님이 원하시니 찬성해 드렸다'고 한다. 교회 정관의 의미나 정관을 통해 이루려 하는 교회 모습에 대한 진지한 토론과 고민이 부족했다. 즉, 그동안 광주다일교회의 정관은 실용적 측면보다는 '우리 교회에도 민주 정관이 있다'는 상징적 측면이 더 컸던 것이다.

## 다른 세대를 위한 섬김

김의신 목사는 캐나다에서 기독교교육학을 공부했다. 자라나는 세대가 얼마나 중요한지 절감하고, 아이들을 위한 다양한 사역을 시작했다. 김 목사가 아이들을 바라보는 관점은 다른 사람들과 약간 다르다. 그는 아이들을 흔히 일컫는 '다음 세대'가 아니라 '다른 세대'라고 부른다. 자라나는 아이들은 지금 세대와는 다른 삶을 살 이들이기 때문이란다.

김 목사는 다른 세대를 대하려면 교사의 마음뿐만 아니라 선교사의 마음까지 품어야 한다고 했다. 마치 낯선 땅에서 우리와 전혀 다른 삶을 사는 이들을 대하듯이 아이들을 대하라는 것이다. 가르치려 들지 말고, 선교하듯 대해야 한다는 게 광주다일교회 사역의 기본 전제다.

광주다일교회의 처음 토대인 씨앗학교 사역은 이를 잘 드러낸다. 김 목사는 씨앗학교를 '열악한 교육 환경과 경쟁 교육으로 꿈과 삶이 무너진 아이들을 위한 나눔과 동행 사역'이라고 소개했다. 얼핏 들으면 학원에 못 가는 아이들을 대상으로 공부를 도와주는 프로그램으로 생각할 수 있다. 그런데 전혀 아니다. 씨앗학교는 '아이들의 정체성을 찾아 주는 학교 안의 학교(School in School)'다. 광주 지역 청년 자원봉사자 멘토들이 중학교 1~2학년 학생들을 찾아간다. 멘토들은 T1, 중학생들은 T2로 부른다. T1과 T2가 일대일로 대화하고 동일한 눈높이에서 서로를 만나 인격적 관계를 쌓아 가는 과정이다. 과외를 한다거나 숙제를 도와주는 선생 제자 관계는 아니다.

"처음에는 아이들이 '이 사람들은 뭐지?'하는 미심쩍은 눈으로 바라봐요. 그러다가 자기를 1주일에 8시간이나 만나 주는 사람이 돈도 안 받고 자발적으로 온다는 사실에

감동해서 마음 문을 열게 돼요." 씨앗학교를 담당하는 임칠성 집사(전남대학교 사범대학 교수)의 말이다. 자신에게 전적으로 헌신하는 사람 앞에 아이들은 하나둘 마음 문을 연다. 장래를 막연하게만 생각하던 아이들은 자신의 인생을 진지하게 나누면서 본인도 몰랐던 정체성을 찾기도 한다. 수업이 없는 날에도 씨앗학교 때문에 등교할 만큼 반응은 가히 폭발적이다.

자라나는 아이들을 '세계시민'으로 만들겠다는 모토로

시작한 '원더카페'는 초등학생을 대상으로 하는 사역이다. 주말마다 아이들을 교회로 부르지만, 이 사역에도 교회 색은 거의 없다. 원더카페는 즐거운 토요일과 신나는 일요일로 구성되는데, 정해진 커리큘럼에 따라 세계 여러 나라의 다양한 문화를 접할 수 있다. '즐거운 토요일'에는 다양한 나라, 음식, 건축, 역사 얘기를 나눈다. 김 목사와 비행기 승무원 출신의 교인이 자신들이 다녀왔던 여러 나라 이야기를 들려준다. 얼마 전에는 세계 각국의 향신료를 직접 맛보는 학습도 했다. 제법 어려운 내용이지만 아이들이 흥미진진하게 듣는다. '신나는 일요일'에는 그림을 그리고, 글짓기도 한다. 최근에는 뮤지컬을 시작했다. 아이들이 배우고 맛보고 느낀 것을 몸으로 표현하는 시간이다.

## 지역사회 섬김 사역, "도울 수 있을 때 도와야죠"

지역의 소외 계층과 형편이 어려운 시골 교회를 섬기는 것도 광주다일교회의 중요한 사역이다. 교회 이름이 다일공동체와 같다는 이유에서 시작한 '밥퍼 사역'은 햇수로 13년, 횟수로는 500회를 넘어섰다. 그동안 꾸준히 인근 지역 독거노인들에게 1주일 치의 밥을 가져다줬다. 화요일마다 교인 30명 정도가 모여 35~40가구가 3~4일 먹을 분량의 밥과 반찬, 국을 만들어 배달한다. 그 시간만 기다리는 노인들도 많다고 한다. 이 사역을 처음부터 함께한 어느 교인은 "그 모습을 보면서 '나도 언젠가 늙어서 도움받고 살 텐데, 도울 수 있을 때 도와야겠다'는 마음으로 밥퍼 사역을 하고 있다"고 말했다.

'초록장터'는 화순, 담양, 구례 등 인근의 농촌 교회 4곳과 상생을 위해 시작한 생협 운동이다. 광주다일교회는 이들 교회에서 생명 농법으로 생산한 것을 교인들에게 판매한다. 도·농 교회 간의 직거래라는 의미도 있지만, 더 큰 의미는 농촌교회가 하나님의 창조 질서를 보존하는 생명 농법을 유지할 수 있도록 판매 안전망을 구축하는 것이다.

한번은 초록장터 담당자들이 시장 조사를 나섰다. 주변 시세를 파악한 뒤 달걀 한 판 가격을 시세보다 500원 비싼 3,500원으로 올렸다. 이 일은 교인들에게 싸게 사는 것보다 중요한 건 바른 가격으로 사는 것이라는, 건강한 소비자 정신을 갖게 하는 계기가 되었다. 초록장터에서 생기는 매출은 전액 시골 교회로 보내는데, 그 규모가 연간 4,500만 원 정도다. 가격이 조금 비싸지만, 교인들이 단순히 '물건'을 사는 게 아니라 '물건에 담긴 의미'를 보고 사 주기 때문에 반응이 좋다. 초기에는 월 1회였던 초록장터는 이

제 격주 단위로 열린다. 현재 취급하는 농산물은 40여 종에 달한다.

'올리브 트리'는 의료 선교 단체다. 교회 내 의료인이 재능을 기부해 외국인 노동자, 불법 체류자 등 의료 혜택을 받지 못하는 이들을 찾아가서 진료한다. 광주에 있는 전국 최대 규모의 고려인마을에 이동 진료 버스를 끌고 가서 이들을 보기도 하고, 자비를 들여 캄보디아 등 해외 오지에 다녀오기도 한다.

## 교회 옥(?)하며 건강한 교회 꿈꾸는 인문학 모임

광주다일교회에는 '물댄동산'이라는 북 카페가 있다. 카페에 비치된 책들을 보면 일반적인 신앙 서적은 얼마 없고, 대신 신학·철학·역사·경제 서적만 잔뜩 있다. 교인들만이 아닌, 지역 주민들도 함께 책을 보자는 취지에서였다. 누구나 도서관을 이용할 수 있도록 지역에 개방했다. 대출 절차랄 것도 없다. 이름과 책 제목만 적으면 누구나 빌려 갈 수 있는 무인 시스템으로 운영한다.

'책 좀 읽어 보자'라는 생각에 시작했던 독서 모임 '하늘나무'는 얼마 안 가 인문학 모임으로 발전했다. 토론도 오가고, 더 깊은 논의도 하게 된 것이다. 명사 초청 특강도 하고, 저자와의 만남 같은 이벤트도 하면서 그야말로 '사유하는 모임'이 됐다. 교회 외부에서도 관심을 보이는 사람이 생겨났다. 한 달에 한 번 여는 모임에 대전에서 오는 사람이 있는가 하면, 가끔은 스님도 온다.

하늘나무에 참석하고 있다는 한 교인은 "인문학은 기본적으로 기존 것에 대한 반성과 비판"이라고 이야기했다. 기존의 사고방식에 회의를 품고, 새로운 방안을 모색한다. 그런데 모인 이들이 대부분 교인이다 보니 결론은 항상 교회 욕(?)으로 끝난다. 우리 교회는 뭐가 부족한가, 한국교회에는 무엇이 필요한가를 진지하게 고민하는 모습, 건강해지려 고민하는 모습을 보고 교회에 등록한 지역 주민도 있다.

## 목사님은 시작만, 나머지는 교인들이 알아서

광주다일교회는 '다양성 속의 일치'에서 그 이름을 따왔다. 삶의 모습은 다 다르지만, 그 가운데 교회를 통해 하나 됨을 표방한다는 뜻이다. 김 목사는 이를 '모자이크 미니스트리(Mosaic Ministry)'라고 부른다. 다양한 모습이 함께 어울려 하나의 아름다운 작품이 되는 모자이크에서 착안했다. 저마다 다양한 배경과 모습, 생각과 관심을 가진 이들이 그리스도 안에서 하나 되어 하나님나라를 세우는 일에 한마음 한뜻으로 사역한다는 의미다.

김의신 목사는 모든 사역에서 첫 단추만 끼울 뿐, 나머지는 크게 간섭하지 않는다. 교인들이 스스로 발전시켜 나가는 것이 옳다고 판단해서다. '목사님의 지시'를 받는 게 익숙했던 교인들이 처음에는 "목사님이 뭐라고 말(지시) 좀 해 주세요"라고 요구했지만, 이제는 스스로 하는 법을 터득했다.

김 목사는 항상 자신을 약한 존재라고 이야기한다. 목사를 너무 믿지 말라는 뜻이다. 담임목사가 '겸손함과 연약함'을 강조하니 교인들도 목사를 절대적인 존재로 인식하지 않으려 애쓴다. 오히려 인간적인 면을 인정하는 모습에 더 감명받고, 목사를 의지하지 않고 스스로 해결하려고 노력한다.

초록장터가 좋은 예다. 초록장터를 맡은 교인들은 단순히 물건만 받아다 파는 데 그치지 않는다. 교인들과 자녀들을 시골 교회에 데려가서 직접 고구마를 캐는 체험도 하고, 시골 교회의 고충을 듣기도 한다. 들깨를 사는 사람이 별로 없어 고민이라는 시골 교회의 이야기에 들기름을 짜서 팔기도 했다. 훨씬 잘 팔리는 데다 수익성도 더 좋았다.

독서 모임으로 시작했던 하늘나무도 교인들의 자발적 의지로 인문학 모임으로 발전했다. 모임에 참여하는 한 교인은 "목사님이 한번 해 보라고 자리를 마련해 줬고, 그걸 교인들이 잘 발전시키고 있다"고 말했다. 광주다일교회의 다른 사역들도 마찬가지다. 씨는 김 목사가 뿌렸지만, 물을 주고 관리하는 역할은 교인들의 몫이다.

교인들은 지역사회에서도 주도적으로 일한다. 풍암동 '인권 마을' 지정 사례가 대표적이다. 세월호 참사 이후, 광주다일교회 교인들이 지역사회를 주도해 풍암동에서 촛불

문화제를 시작했다. 노란 리본을 만들고, 추모 공연을 하는 등 지역사회와 함께 사회의 슬픔을 나누려 애썼다. 많은 지역 주민이 공감해 줬고, 언론과 정부에서 관심을 보이기 시작했다. 이들의 노력으로 풍암동은 광주시가 지정한 인권 마을에 선정됐다.

광주다일교회 교인들은 "교회가 뭘 한다고 드러내지 않아도 꾸준하고 묵묵하게 사역을 하다 보면 지역사회가 하나둘씩 알아주기 시작한다"고 이야기한다. 전체 교인의

90% 정도가 지역 마을인 풍암동 사람이다. 전도지 한 장 안 돌렸지만, 교인들의 사역과 삶에 마음이 동한 이웃들이 스스로 교회를 찾는다. 광주다일교회에 등록하는 사람 중에 자진해서 나오는 비율이 80% 가까이 된다. 그렇게 나온 이들 중 열에 아홉은 교회에 정착한다.

교인들도 자신이 하는 사역에서 보람을 느끼면서, '이렇게 살아가는 게 좋겠다'는 확신을 얻는다. 교인들은 광주다일교회의 전도 메시지가 "저처럼 살아보지 않으시겠어요?"라고 했다. 삶에서 성숙한 신앙인의 모습을 보이지 않으면 할 수 없는 말이다.

광주다일교회는 끊임없이 새로운 일을 만들어 낸다. 김의신 목사는 "직접 경험하는 게 중요하다. 교인들이 무슨 사역을 해 보고 싶다고 요청하면 일단 하라고 한다"면서 교인들이 먼저 나서서 능동적으로 다양한 일을 할 수 있도록 돕는다고 말했다. 그뿐만 아니라 기존의 사역들을 확장하려는 계획도 품고 있다.

고려인마을에서 새롭게 시작한 의료 선교는 씨앗학교와 연계해서 '씨앗학교-나눔과 동행이 있는 꿈 찾기 여행'을 할 계획이다. 또, 몸의 건강뿐 아니라 새로운 신앙 터전을 만들어 갈 수 있는 사역도 함께 준비하고 있다. 방학 중에 실시하는 러빙핸즈는 다른 세대(자녀 세대)로 커 가는 아이들이 부모와 함께 세상을 섬기는 사역을 경험하고, 그것을 통해 삶의 신앙을 배우는 계기를 만들어 주는 프로그램이다. 또 교회학교 내에서 운영하는 원더카페도 좀 더 발전시켜 노인들 대상으로 '시니어 원더카페'를 하려고 구상 중에 있다.

김 목사는 "성과 아닌 성과들이 나타나고 있지만, 아직은 더 지켜봐야 합니다. 어쨌든 계속 다양한 시도를 해 나갈 생각입니다"라고 했다. 교회에 실망한 사람들이 교회 덕분에 희망을 다시 품을 수 있도록 하는 게 이들의 꿈이다. 광주다일교회는 이 꿈을 '광주다일교회의 신앙과 약속'의 마지막 부분에 넣어 놓고, 이 정신을 마음속 깊이 간직하려고 노력한다.

"나는 다일교회를 건강한 교회로 세워 가는 일이 내가 하나님나라를 이 땅에 이루기 위해 할 수 있는 본질적인 일임을 믿고, 이를 위해 늘 기도하겠으며 진실한 자세로 살아가겠습니다. 약해지고 느슨해지기 쉬운 나의 마음에 성령께서 힘을 주시고 인도하셔서 인생의 여정에서 참믿음으로 하나님이 주시는 기쁨과 보람을 누리길 원합니다."

● 취재/글 _최승현 기자